3世代受け継がれてきた
本当においしいレシピだけ

今日、作りたくなる
とっておきごはん

割烹着ママ 著

はじめに

こんにちは。割烹着ママです。

365日、手料理を作り続ける母に育てられ、小さい頃からよく食べる子でした。
それと同時に料理に興味が湧き、物心ついた頃には母のお手伝い、
小学生からお弁当作り……気づけば料理歴24年です。

おばあちゃん、お母さんから受け継いだ料理をインスタグラムに載せ始めたのが2022年。
いつの間にか、たくさんの人に見ていただけるようになりました。

この本でご紹介するのは、昔ながらの煮物や定番のおかず、
野菜たっぷりの常備菜から、ここぞというときのごちそうまで。
わが家でずっと作り続けている、いつものごはんです。

私の料理は、極端な時短とか、工程を極限まで省くことを目的にはしていません。
もちろん、簡単・時短レシピは忙しすぎる現代の人たちの助けになっていると思います。
でも、ときには少し時間をかけて煮込んだり、ひたすらせん切りしたり。
そんなお料理の工程も楽しいし、その少しのひと手間がおいしさにつながると思っています。

母から、祖母から教わった"おいしくなるためのちょっとしたコツ"を、
この本にできるだけ詰め込みました。

自分も、家族も喜ばせるために作る、ふだん使いの"とっておき"料理。
あなたの食卓の一品に入れていただけたらうれしいです。

揚げ物は苦手という人も多いけど、
実は揚げたほうが時短になります。

濃すぎる味つけは苦手。
市販のタレも使いません。
シンプルな調味料で素材の味を引き出します。

母や祖母のレシピは、野菜がいっぱい。
旬の安いときにたくさん買って、
たっぷり食べます。

Contents

2 はじめに
6 レシピを作る前に

Part1
人気のメインメニュー Best10

8 絶品！ ハヤシライス
10 母の得意料理 肉巻きおにぎり
11 世界で1番大好きな 母の唐揚げ
12 永遠の定番 肉じゃが
14 楊枝がいらない ロールキャベツ
16 高校時代から作り続ける 筑前煮
18 野菜たっぷり！ キャベしゃぶ
19 思い出の味 玉ねぎとひき肉の卵とじ
20 実家の正月のごちそう ローストビーフ
22 特別な日の ビーフシチュー

24 *Column* 母の手作りマヨネーズ

Part2
大切に作り続けたい受け継ぐレシピ

26 実家に帰るとこれ！ こねないハンバーグ
28 思い出の味 揚げ出し豆腐
30 祖母のレシピメモから 高野豆腐入り炒り鶏
31 わが家の作り置きの定番 五目煮
32 母がいつも作ってくれた 鶏の照り焼き
33 おふくろの味！ チキンカツ
34 特別な気分になる なすとミートソースのグラタン
36 シンプル味つけでおいしい！ ゴーヤーチャンプルー
38 とろとろがおすすめ！ 半熟巾着卵
39 ふるふる！ 茶碗蒸し
40 豚肉やわらか！ しょうが焼き
42 大好きな母の味 レバにら炒め
44 大根を味わいたい ぶり大根
45 ひと口で感動した さばのみそ煮
46 母方の祖母の味 麻婆豆腐
48 レンジでできる ふわとろ焼き
49 子どもも大好き 手作りがんもどき
50 割下もわが家の味！ すき焼き
52 黄金のふわとろ 親子丼
53 毎日でも食べたい 中華風炊き込みごはん

54 *Column* 鍋でごはんを炊く

Part 3
娘に伝えたい私の褒められメニュー

56	万能作り置き **牡蠣のつくだ煮**
57	野菜たっぷり **小あじの南蛮漬け**
58	家でも簡単！ **鮭の西京漬**
59	いろんな魚で試したい **かつおのなめろう**
60	特別な日のごちそうに！ **具だくさんポトフ**
62	あと一品！に重宝する **ベーコンとしめじのキッシュ**
64	何にでも合う作り置き **ねぎ肉みそ**
65	わが家のスタメン **しいたけそぼろ丼**
66	ずっと作りたい **しょうゆバターたらこパスタ**
67	家族が大絶賛 **スパゲッティ・ポモドーロ**
68	ひと手間で格上げ！ **ボロネーゼのパスタ**
70	世界一おいしい料理に選ばれた **ビーフレンダン**
72	*Column* **器のこと**

Part 4
野菜をたっぷり食べてほしいから、
あると安心する副菜とスープ

74	祖母から伝わる **白菜ツナサラダ**
74	祖母の代表レシピ **きゅうりのたたき漬け**
76	わが家のレギュラー副菜 **3色ナムル**
77	細いせん切りがキモ！ **秋の根菜サラダ**
78	絶対に覚えたい **きんぴらごぼう**
78	食感を楽しむ **れんこんのきんぴら**
80	新玉ねぎで作ってほしい **とろとろ和風新たま**
80	いつも大量に作り置きする **キャロットラペ**
82	夏になると頻出する **なすとピーマンの煮びたし**
83	デパ地下風！ **夏野菜のたこマリネ**
84	手が止まらない **とうもろこしの唐揚げ**
84	ビストロの味！ **とうもろこしのムース**
86	ポン酢を使った **カプレーゼ**
86	あと一品！の作り置き **トマトの白ワイン漬け**
88	絶対おかわりする **具だくさん豚汁**
89	野菜不足の救世主！ **ミネストローネ**
90	野菜がごろごろ！ **クリームシチュー**
91	母から伝わる **かぼちゃスープ**
92	*Column* **道具と食材、調味料のこと**
94	**INDEX**

レシピを作る前に

- 本書で使用している大さじ1は15mL、小さじ1は5mLです。米1合は180mLです。
- 電子レンジやオーブントースターの加熱時間は目安です。機種や食材の状況によって差が出る場合がありますので様子を見ながら加減してください。
- 「とろ火」とは弱火よりさらに小さい、消えないギリギリの火加減のことです。
- 「野菜を洗う」「皮をむく」「へたをとる」などの基本的な下ごしらえは省略しています。
- レシピには目安となる分量や調理時間を表記していますが、食材や調理器具によって個体差がありますので、様子を見ながら加減してください。野菜の分量は下記の目安表を参照してください。

○ 油について
「米油」と表記のあるものは、サラダ油などで代用可能です。

○ 米粉について
「米粉」と表記のあるものは、小麦粉で代用可能です。

○ だし汁について
かつお節のだしパックを煮出して使っています。

野菜の分量の目安

野菜	個数	重量	野菜	個数	重量
かぶ	1個	80g	たけのこ水煮	1個	200g
かぼちゃ	1個	1400g	玉ねぎ	1個	200g
キャベツ	1個	1200g	とうもろこし	1本	350g
きゅうり	1本	100g	トマト	1個	200g
ゴーヤー	1本	250g	ミニトマト	1個	15g
ごぼう	1本	150g	長ねぎ	1本	100g
サラダごぼう	1本	30g	なす	1個	100g
さといも	1個	50g	にら	1束	100g
しいたけ(生)	1個	15g	にんじん	1本	150g
春菊	1束	200g	にんにく	1かけ	8g
しょうが	1かけ	15g	白菜	1個	2000g
じゃがいも	1個	150g	ピーマン	1個	35g
ズッキーニ	1本	200g	ブロッコリー	1株	200g
セロリ	1本	100g	ほうれん草	1株	30g
大根	1本	1000g	れんこん	1節	180g

Part 1

人気のメインメニュー
Best 10

私のインスタグラムで、再生数が飛び抜けて多いレシピたち。
その中でもとくに、メインを張れる絶品メニューをご紹介します。
唐揚げや肉じゃが、筑前煮などの定番料理から、
ローストビーフなど「ここぞ！」というときの特別な料理まで。
こうやって並べてみると、やっぱり母から教わったものが多いんです。
ルウを使ったりしないから難しいのかな？って思われるかもしれないけれど、
やってみたら実は簡単！ おかずに迷ったら作ってみてほしいです。

絶品！ハヤシライス

簡単に作れるから、ルウはもう買わなくて大丈夫！
手軽に作りたいのでデミ缶も使っていません。ただし赤ワインはフルボディがおすすめ。
酸味が気になる方は煮込む時間を長めにするか、砂糖の量を増やしてください。

材料　4〜5人分

- 牛バラ薄切り肉 … 300g
  - 塩、こしょう … 各少々
  - 米粉 … 大さじ2
- オリーブ油 … 大さじ1
- にんにく(みじん切り) … 1かけ
- 無塩バター … 20g
- 玉ねぎ(7mm幅のくし形切り) … 2個
- マッシュルーム(半分に切る) … 10個
- **A**
  - トマト缶 … 1/2缶(200g)
  - 砂糖 … 大さじ1/2
  - トマトケチャップ … 大さじ4
  - とんかつソース … 大さじ2
  - 赤ワイン(フルボディ) … 200mL
  - 水 … 300mL
- 塩、こしょう … 適量
- 温かいごはん … 適量
- パセリ(みじん切り) … 適量

作り方

① 牛肉は1cm幅に切ってボウルに入れる。塩、こしょう、米粉の順に入れ、都度混ぜる。

② 鍋にオリーブ油、にんにくを入れ弱火にかけ、香りが出るまで炒める。

③ ❶の牛肉を、米粉も残さずすべて入れ【point a】、炒める。火が通ったら取り出しておく。

④ ❸の鍋にバターを入れて溶かし、玉ねぎ、マッシュルームを入れ、しんなりするまで炒める。

⑤ 牛肉を鍋にもどし、**A**の材料を入れて混ぜ、沸騰したら弱火にして、ときどき混ぜながらふたをせず10〜20分煮込む。塩、こしょうで味をととのえ、ごはんを添えてパセリをちらす。

point a
牛肉を炒めるとき、まぶした米粉をすべて入れることでとろみがつく。

母の得意料理 肉巻きおにぎり

母の得意料理のひとつで、1、2を争うおいしさ。
母も私もいつも目分量で作っていたけれど、改めてレシピ化しました。
ごはんは少しやわらかめに炊いて、しっかりかたくにぎると崩れにくくなります。

材料　2人分

温かいごはん … 400g
塩 … 適量
豚バラ薄切り肉 … 10枚
大葉 … 10枚
だしじょうゆ … 大さじ1 $\frac{1}{2}$

作り方

① ごはんを10等分し、手に塩少々をつけて、俵形ににぎる。

② 豚肉を広げ、手前側に大葉1枚を置く。❶のおにぎりをのせ、肉を手前に軽く引っ張り伸ばしながら巻いていく。

③ フライパンを弱火にかけ、❷を巻きおわり部分を下にして並べ、回転させながら焼く。全体に火が通ったら一旦取り出す。

④ キッチンペーパーでフライパンの脂を拭きとり、だしじょうゆを入れ、煮立たせたらすぐに❸を入れる。転がしながら、だしじょうゆを全体に絡める。

世界で1番大好きな 母の唐揚げ

母の作るこの唐揚げ、合わせ調味料が多すぎないのがポイント！
小学生の頃からお弁当用に自分で作っていた思い出のレシピです。
鶏肉はひとつずつ粉に入れるとくっつきにくく、きれいにまぶせます。

材料　2人分

鶏もも肉(大きめのひと口大に切る) … 300g

A
　だしじょうゆ … 大さじ1
　酒 … 大さじ1
　しょうが(すりおろす) … 1/2 かけ
　にんにく(すりおろす) … 1かけ

片栗粉、米粉 … 各大さじ1 1/2
揚げ油 … 適量
レモン(くし形切り) … 適宜

作り方

① ボウルに鶏肉と**A**を入れてよく混ぜ、15分おく。

② 片栗粉と米粉をポリ袋に入れて口をしばり、混ぜる。

③ ❶の汁気を切って❷に入れ、袋に空気を入れたら口をしばって振り、肉全体に粉をまぶす。

④ 170℃の揚げ油で❸を3〜4分、きつね色になるまで揚げる。油をよく切ってレモンを添える。

永遠の定番 肉じゃが

家庭のおかずといえば、肉じゃがってイメージありますよね。
でも実は、母の肉じゃがはすごく繊細な味でした。
こちらは私がいつも自分で作っている、がっつりごはんを食べたくなる味つけです。

材料　2人分

米油 … 大さじ1
豚バラ薄切り肉(ひと口大に切る) … 200g
玉ねぎ(8等分のくし形切り) … 1 １/２ 個
じゃがいも(大きめの乱切り) … 2個
にんじん(ひと口大の乱切り) … 1本

A
- しょうゆ … 大さじ3
- 砂糖 … 大さじ3
- 酒 … 大さじ3
- だし汁 … 150mL

糸こんにゃく(食べやすく切って下ゆでする)
　　　… １/２ 袋
絹さや(ゆでる) … 適量

作り方

① 鍋に油を入れ中火で熱し、豚肉を入れ全体の色が変わるまで炒める。

② ❶の鍋に玉ねぎ、じゃがいも、にんじんの順に入れ、都度全体を混ぜる。

③ **A**、糸こんにゃくを入れ全体を混ぜる。

④ 落としぶたをし【point a】、弱火で10分煮る。

⑤ 落としぶたをとり、中火にして水分を飛ばすように煮る。ときどき全体をやさしく混ぜ【point b】、煮汁が少なくなるまで煮つめる。絹さやをちらす。

point a
落としぶたがない場合は、クッキングシートを鍋の大きさに切り、中央に穴を開けたものを使う。

point b
煮くずれしないように、木べらなどで底からやさしく混ぜる。

人気のメインメニューBest10

楊枝がいらない ロールキャベツ

キャベツを包む工程は面倒と思われがちだけど、私は好き。
楊枝で留めなくても大丈夫なしっかりした包み方です。
キャベツがとろんとろんになるまで煮込みます。

材料　4人分

キャベツ … 1個
米油 … 大さじ1
玉ねぎ(みじん切り) … 1個

A　合びき肉 … 300g
　　卵 … 1個
　　しょうゆ … 大さじ1
　　パン粉 … 大さじ2
　　塩 … 小さじ1/2
　　こしょう … 少々

B　トマト缶 … 1缶(400g)
　　ローリエ(あれば) … 1枚
　　塩 … 小さじ1
　　水 … 300mL

作り方

① キャベツは芯をくり抜いて丸ごとラップで包み、皿にのせて600Wの電子レンジで5分加熱する。一度取り出して上下をひっくり返し、再度4分加熱する。ラップをはずし、粗熱をとる。

② フライパンに油を入れ中火で熱し、玉ねぎをしんなりするまで炒め、冷ましておく。

③ ボウルにAと❷を入れ、箸で全体を混ぜてから、調理スプーンで押しつけながらこねるようによく混ぜる。全体をぎゅっとまとめてラップをし、使う直前まで冷蔵庫に入れる。

④ キャベツを外側から1枚ずつはがし、16枚用意する。はがすとき、かたい部分があったらラップをして電子レンジで4〜5分追加加熱する。軸の厚い部分をそぎとる。大きい葉と小さい葉を重ねて1組にし、8組作る。

⑤ ❸の肉だねを8等分し、❹のキャベツの手前側、少し右寄りにのせる。手前のキャベツで肉だねをひと巻きし【point a】、左側のキャベツを折る【point b】。奥まで巻き、右側に余ったキャベツを内側に押し込む【point c】。

⑥ 鍋に❺を並べ、隙間にそいだキャベツの軸をつめ込む。Bを入れ、ふたをして中火にかけ、沸騰したらとろ火で1時間半〜2時間煮込む。

point a
肉だねをキャベツの手前の右寄りにのせて、ひと巻きする。

point b
次に左側を折る。

point c
奥まで巻いたら、右側に余ったキャベツをギュッと押し込んで形をととのえる。

高校時代から作り続ける 筑前煮

煮物の中で一番好きな筑前煮。初めて作ったのは高校生のときです。
野菜の量は参考程度で、お好みに合わせて増やしたり減らしたりしてください。
わが家ではごぼう、れんこんが多めです。

材料　2〜3人分

鶏もも肉(ひと口大に切る)…150g
└ 塩、こしょう…各少々
干ししいたけ…2個
└ 水…120mL
米油…大さじ1
ごぼう(小さめの乱切り)…1/3本
にんじん(乱切り)…2/3本
れんこん(乱切り)…1/2節
こんにゃく(下ゆでしてひと口大に切る)
　…1/3枚
さといも(ひと口大に切る)…3個
A しょうゆ…大さじ1 1/2
　　砂糖…大さじ1 1/2
　　酒…大さじ1 1/2
絹さや(ゆでる)…適量

作り方

① 鶏肉に塩、こしょうをしてもみ込む。干ししいたけは水に浸けてもどし、かさを斜めに切る。

② 鍋に油を入れ中火で熱し、鶏肉を皮目から入れ、両面に焼き目がつくまで焼く。

③ ごぼう、にんじん、れんこん、こんにゃくを加え1分ほど炒める。さといも、①のしいたけを加え全体を混ぜる。

④ ①のしいたけのもどし汁と**A**を入れて全体を混ぜ、落としぶたをして沸騰したら弱火で10分煮る。途中で2回ほど全体を混ぜる。

⑤ 落としぶたをとり、煮汁が少なくなるまで煮つめる。絹さやをちらす。

具材はできるだけ同じ大きさに切る。火が通りにくいものは気持ち小さくすると均一に火が通る。

野菜たっぷり！ キャベしゃぶ

時間がないとき、献立が思いつかないときは、とりあえずこれ。
あっという間にできて、簡単でおいしくて野菜もとれる！お助けメニューです。
野菜やつけダレの分量は目安なので、お好みで増減してください。

材料　2〜3人分

好きな野菜(おすすめはキャベツ、白菜、にんじん、
　もやし、水菜、えのき、しめじ) … 合わせて500g
水 … 1L
ポン酢 … 50mL
黒すりごま … 大さじ1
豚バラ薄切り肉 … 200g

作り方

① 野菜はすべて細めのせん切りにする。キャベツなどの葉物はざく切りでもOK。

② 鍋に❶の野菜と水を入れ中火にかけ、沸騰するまで煮る。

③ 器にポン酢、黒すりごまを入れる。

④ 野菜が好みのやわらかさになったら、豚肉をしゃぶしゃぶし、野菜を包んで❸につけていただく。

思い出の味 玉ねぎとひき肉の卵とじ

子どもの頃、母がよく作ってくれたメニュー。素朴だけど本当においしくて大好きでした。
卵を入れたら、すぐに火を止めて余熱で火を通します。
玉ねぎの分量を半分にして、小松菜やスナップエンドウを入れるのもおすすめ。

材料　2～3人分

米油 … 大さじ1
玉ねぎ（7mm幅のくし形切り）… 1個
豚ひき肉 … 150g
塩、こしょう … 各少々
A │ しょうゆ … 小さじ2
　 │ 砂糖 … 大さじ1/2
　 │ 酒 … 大さじ1
卵 … 2個

作り方

① フライパンに油を入れ中火で熱し、玉ねぎを入れ2分ほど炒める。

② 玉ねぎの縁が透明になったら端に寄せ、ひき肉を入れ、塩、こしょうをふって炒める。ひき肉の色が変わったら全体を混ぜ合わせる。

③ **A**を入れて全体を混ぜ、溶いた卵を箸に伝わせながらまわし入れる。ふたをして火を止め、1分おき、卵を半熟に仕上げる。

実家の正月のごちそう ローストビーフ

実家は祖父母の家が近かったこともあり、
お正月には親戚が集まるのでおせち以外にもたくさん作ります。
その中でも大好きなのがローストビーフ！ 時間さえ覚えれば案外簡単に作れます。

材料　4人分

牛もも肉（ブロック）… 250g
└ 塩、こしょう … 各適量
牛脂 … 1かけ（または米油大さじ1）
【ソース】
│ しょうゆ … 大さじ1 $\frac{1}{3}$
│ みりん … 大さじ1
│ 酒 … 大さじ1
│ にんにく（すりおろす）… 1かけ
クレソン、ラディッシュなど
　… 適宜

下準備

・牛肉は1時間前に冷蔵庫から出し、常温にもどしておく。

作り方

① 牛肉に塩、こしょうをふり、全面にすり込む。

② フライパンに牛脂を入れ中火で熱し、❶の牛肉を入れて全体に焼き色をつける。

③ ❷の牛肉をラップで包み、ジッパー付き保存袋に二重に入れ、空気をしっかり抜きながら口を閉める【point a】。

④ たっぷりの湯（分量外）を沸騰させた鍋に❸を入れ、牛肉が浮かないように皿などをかぶせる。火を止め、ふたをして20〜30分放置する。湯から牛肉を取り出し、保存袋から出さずに冷ます。

⑤ 肉を焼いて脂が残ったフライパンにソースの材料を入れ、中火にかける。煮立たせたらフライパンを揺すりながら煮つめ、少しとろみがついたら火を止める。

⑥ 肉が冷めたら薄くスライスし、ソースやつけ合わせの野菜とともに盛りつける。

❹で湯の中に放置する時間は肉の重さによって変わるので、下記の時間を参考に。
・250〜300g→20分
・300〜350g→25分
・350〜400g→30分

point a
保存袋は二重にして、空気をしっかり抜いて口を閉める。

特別な日の ビーフシチュー

家族にも大好評のビーフシチュー。
ごちそう風なのに実は手間のかからない、時間がおいしくしてくれる料理。
一晩寝かせるとおいしさアップするので、前の日に作るのがおすすめです。

材料　4人分

牛スネ肉(ブロック) … 700g
└ 塩 … 小さじ1 1/2
└ こしょう … 少々
牛脂 … 1かけ (または米油大さじ1)
にんじん(乱切り) … 1本
玉ねぎ(4等分のくし形切り) … 1個
じゃがいも(3cm角に切る) … 2個

A │ トマトケチャップ
　 │ 　… 大さじ3
　 │ とんかつソース … 大さじ1
　 │ ローリエ … 1枚
　 │ 赤ワイン(フルボディ)
　 │ 　… 400mL
　 │ 水 … 400mL

塩、こしょう … 各適量

下準備

・牛スネ肉は1時間前に冷蔵庫から出し、常温にもどしておく。

作り方

① 牛肉は4等分に切り、塩、こしょうをふり、すり込む。

② 鍋に牛脂を入れ中火で熱し、①の牛肉を入れて全体にしっかり焼き色をつける【point a】。

③ にんじん、玉ねぎ、じゃがいもを入れ、全体を混ぜながら1分炒める。

④ Aを入れてふたをし、沸騰したら弱火で1時間半〜2時間、ときどき全体を混ぜながら煮る。牛肉がほろっとやわらかくなったら火を止め、しばらく放置する。

⑤ 食べる直前に温め、塩、こしょうで味をととのえる。

point a
牛肉はしっかり焼き色がつくまで焼き、弱火で時間をかけて煮込む。

人気のメインメニュー Best10

Column

母の手作りマヨネーズ

子どもの頃から、マヨネーズといえば母の手作り。
少しずつ乳化していく工程がたまらなく好きで、
母の手元をじっと見つめていました。
作りたての新鮮なマヨネーズは本当においしい。

材料　作りやすい分量

A　卵(M玉)…1個
　　マスタード
　　　…小さじ1〜大さじ1
　　砂糖…小さじ1
　　塩…小さじ1
　　こしょう…少々

米油…250mL(225g)
酢(またはレモン汁)…大さじ2

作り方

① Aを深さのある容器に入れ、油を注ぎ入れる。ブレンダーを容器の底へ沈めてからスイッチをON。そのまましばらく動かさずに撹拌する【point a】。

② 1/3〜半分くらい乳化したら、ブレンダーをゆっくり上下させ少しずつ油を巻き込むように動かす【point b】。

③ 全体がマヨネーズのかたさになったら一度電源を切り、酢を入れる【point c】。再び電源を入れて4〜5回上下させて混ぜる。

※ 保存容器は消毒したものを使う。冷蔵庫で3〜4日間保存可能。

point a

point b

point c

Part 2

大切に作り続けたい 受け継ぐレシピ

祖母から母、母から私に伝わってきた、親子3代レシピ。
私は小さい頃から料理に興味があって、母のお手伝いを始めたのが3歳くらい。
大人になってからは、母の味をベースに、自分好みの味になるよう
工夫を重ねました。祖母から直接教わることはなかったけれど、
母が祖母から教わりながら書いたレシピメモがあって、それを参考にすることも。
ハンバーグや巾着卵、揚げだし豆腐、絶品レバにら炒めなど、
やっぱり実家の味が私の原点なのです。

実家に帰るとこれ！ こねないハンバーグ

実家に帰ると高頻度で出てくるハンバーグ。
肉だねはこねずにふんわり仕上げます。
ソースは洋風と和風の2種類、お好みでどうぞ。

材料　2人分

米油 … 大さじ2
玉ねぎ(みじん切り) … 1/2個

A ｜合びき肉 … 200g
　　｜パン粉 … 大さじ山盛り2(15g)
　　｜卵 … 1個
　　｜しょうゆ … 小さじ1
　　｜塩、こしょう … 各少々

じゃがいも、さやいんげん、
　生しいたけ、長ねぎなど … 適宜

【洋風ソース(2人分)】
トマトケチャップ … 大さじ2
とんかつソース … 大さじ2
酒 … 大さじ2
バター … 10g

【和風ソース(2人分)】
しょうゆ … 大さじ2
みりん … 大さじ1
酒 … 大さじ1
大葉 … 2枚
大根おろし … 適量

作り方

① フライパンに油大さじ1を入れ中火で熱し、玉ねぎを10分ほど炒め、完全に冷ます。

② ボウルに❶とAを入れ、箸で混ぜる【point a】。全体が均一になったらまとめてラップをし、焼く直前まで冷蔵庫に入れておく。

③ 手に水をつけ、❷を2等分して、空気を抜きながら分厚い楕円形に丸める。

④ フライパンに油大さじ1を入れ中火で熱し、❸を並べてふたをする。焼き目がついたら弱火にして5分蒸し焼きにし、ひっくり返してもう片面もふたをして5〜6分蒸し焼きにし、取り出す。

⑤ フライパンの油をキッチンペーパーでざっくり拭きとり、洋風または和風のソースの材料を入れて煮立ったらハンバーグをもどし入れ、全体に絡める。和風ハンバーグは大葉、大根おろしを上にのせる。好みで焼いた野菜を添える。

point a
肉だねは箸で混ぜるだけで、こねないのがポイント。ふっくらと仕上がる。

大切に作り続けたい受け継ぐレシピ

思い出の味 揚げ出し豆腐

子どもの頃から、母が作ってくれるのが大好きで、
「毎日作ってほしい」と思っていました。
新婚当初は週一で作っていたほど、今も大好きな思い出の味。

材料　2人分

木綿豆腐 … 1丁

A｜だし汁 … 150mL
　｜しょうゆ … 大さじ1 1/2
　｜酒 … 大さじ1 1/2
　｜砂糖 … 小さじ2

なす … 2本
片栗粉 … 適量
揚げ油 … 適量
大根おろし … 適量
万能ねぎ(小口切り) … 適量
しょうが(すりおろす) … 適量

作り方

① 豆腐は8等分に切ってキッチンペーパーの上に置き、上にもペーパーをかぶせて15〜20分ほど水切りしておく。

② Aの材料を小鍋に入れ、ひと煮立ちさせてから火を止める。

③ なすは縦半分に切り、切った断面に片栗粉をまぶす。豆腐は全面に片栗粉をまぶし、余分な粉をはたき落とす。

④ 170℃の揚げ油で3〜4分、表面がカラッとなるまで揚げる【point a】。

⑤ 器に盛り、大根おろし、万能ねぎ、しょうがをのせ、❷を温め直してかける。

point a

豆腐に片栗粉をまぶしたら、余分な粉をはたいてすぐに揚げる。揚げるときは、お互いがくっつかないよう離して入れるように。

大切に作り続けたい受け継ぐレシピ

祖母のレシピメモから 高野豆腐入り炒り鶏

母が祖母から教わったときのメモを見ながら作ってみたところ、
おいしすぎてびっくり。
少しだけ調味料と具材の量を私好みに調整しています。

材料 2人分

鶏もも肉(ひと口大に切る) … 100g
└ 塩、こしょう … 各少々
干ししいたけ … 大2個
└ 水 … 200mL
高野豆腐 … 10g
米油 … 大さじ1

A │ さつま揚げ(斜めにそぎ切りにする) … 小1個
  │ にんじん(ひと口大に切る) … 1/2本
  │ たけのこ水煮(ひと口大に切る) … 1/4個
  │ こんにゃく(下ゆでしてひと口大にちぎる) … 1/6枚

B │ しょうゆ … 小さじ2
  │ 砂糖 … 小さじ1
  │ みりん … 小さじ1

作り方

① 鶏肉に塩、こしょうをふり、もみ込む。干ししいたけは水に浸けてもどし、ひと口大に切る。高野豆腐をぬるま湯(分量外)に浸けてもどし、ひと口大に切る。

② 鍋に油を入れ中火で熱し、鶏肉を皮目から入れて焼く。表面の色が変わったら、Aと❶のしいたけ、高野豆腐を入れて炒める。

③ 全体に油がまわったら❶のしいたけのもどし汁を入れ、沸騰したらアクをとり除く。

④ Bを入れて混ぜ、落としぶたをし、沸騰したら弱火にしてときどき混ぜながら約15分、煮汁が減り具材がやわらかくなるまで煮る。

わが家の作り置きの定番 五目煮

わが家の和の作り置きと言ったらこれ。
作りたてももちろんいいけれど、
一晩おいて味が落ち着いてから食べるのがよりおいしい。

大切に作り続けたい受け継ぐレシピ

材料　2人分

生ひじき … 100g
大豆水煮 … 200g
米油 … 大さじ1
にんじん（1cm角に切る）… 1本
れんこん（1cm角に切る）… 1/2 節
こんにゃく（下ゆでして1cm角に切る）
　　… 1/3 枚
A ｜ しょうゆ … 大さじ2
　｜ 砂糖 … 大さじ1
　｜ みりん … 大さじ1
　｜ 酒 … 大さじ2
　｜ だし汁 … 100mL

作り方

① 生ひじきをザルに入れ、流水で軽く洗う。大豆水煮は水気を切っておく。

② フライパンに油を入れ中火で熱し、にんじん、れんこん、こんにゃくを入れて全体に油がまわるように炒める。

③ ❶を入れ、油がまわるように全体を混ぜる。Aを加え、ときどき混ぜながら約30分、煮汁が少なくなるまで煮る。

※ 冷蔵庫で3〜4日保存可能。

母がいつも作ってくれた 鶏の照り焼き

子どもの頃から母が作ってくれた鶏の照り焼きは、私にとって幸せの味のひとつ。
お花見や運動会でも、お弁当の定番でした。
鶏肉を焼くときは、最初から弱火でじっくり火を入れます。

材料　2人分

鶏もも肉(ひと口大に切る) … 300g
└ 米粉 … 適量
米油 … 大さじ1

A　しょうゆ … 大さじ1
　　みりん … 大さじ1/2
　　砂糖 … 大さじ1/2
　　酒 … 大さじ1

トマト(1cm厚さの輪切り)、
　リーフレタスなど … 適宜

作り方

① 鶏肉に米粉をまぶす。

② フライパンに油を入れ弱火で熱し、❶を皮目から入れてきつね色になるまで焼く。ひっくり返し、もう片面もきつね色になるまで焼く。

③ キッチンペーパーでフライパンの余分な油を拭きとり、Aを入れ、全体を混ぜながら鶏肉にタレを絡めて煮つめる。好みで野菜を添える。

おふくろの味！ チキンカツ

わが家ではおふくろの味と呼んでいる、実家の得意メニュー。
カツだけど、小麦粉、卵は使わず、マヨネーズでパン粉をつけるので手間いらず。
私はしょうゆをかけて食べるのが好きです。

材料　2人分

鶏むね肉（ひと口大のそぎ切り）… 300g

A｜マヨネーズ … 大さじ1
　｜塩、こしょう … 各少々

パン粉 … 適量
米油 … 適量
リーフレタスなど … 適宜

作り方

① ボウルに鶏肉とAを入れて全体を混ぜる。

② 鶏肉ひとつずつにパン粉を手でギュッギュッと押しつけるようにまぶす。

③ フライパンに多めの油を入れ中火で熱し、❷の鶏肉を並べて両面を約2分ずつきつね色になるまで揚げ焼きにする。好みで野菜を添える。

特別な気分になる
なすとミートソースのグラタン

とろとろのなすに、旨味たっぷりのミートソース、溶けて香ばしいチーズ。
子どもの頃、グラタンが出てくると、なんだかちょっと特別な気分になりました。
実家のグラタン皿が特別かわいくて、それもうれしかった思い出です。

材料　2〜3人分

オリーブ油 … 大さじ1
にんにく（みじん切り）… 1かけ
しょうが（みじん切り）… 1/2かけ

A｜にんじん（みじん切り）… 1/3本
　｜玉ねぎ（みじん切り）… 1/2個
　｜塩、こしょう … 各少々

合びき肉 … 200g
└ 塩 … 小さじ1/3
└ こしょう … 少々

B｜トマト缶 … 1/2缶（200g）
　｜トマトケチャップ … 大さじ1
　｜とんかつソース … 大さじ1
　｜水 … 200mL

米油 … 適量
なす（1cm厚さの斜め切り）… 3本
ピザ用チーズ … 好きなだけ

作り方

① フライパンにオリーブ油を入れ弱火で熱し、にんにくとしょうがを入れて香りが出るまで炒める。Aを加え、中火にして玉ねぎがしっとり粘度が出るまで炒める。

② ひき肉、塩、こしょうを加え、火が通るまで炒める。Bを入れて混ぜ、沸騰したら弱火にし、ときどき混ぜながら10〜15分煮込む。

③ 別のフライパンに米油を入れ中火で熱し、なすの両面を焼く [point a]。

④ グラタン皿に、なすと❷のミートソースを交互に2回重ね、最後にチーズをかけ、オーブントースターでチーズに焼き目がつくまで焼く。

point a

なすは、少し多めの油でとろっとなるように焼く。

シンプル味つけでおいしい！
ゴーヤーチャンプルー

子どもの頃、苦いゴーヤーはそんなに好きではなかったけれど、
母が作るこれはおいしすぎてたくさん食べていました。
なんと味つけは塩、こしょうだけ！本当？って思うくらいびっくりなおいしさです。

材料　3〜4人分

ゴーヤー … 1本
└ 塩 … 小さじ1
絹豆腐 … 1丁
豚バラ薄切り肉（1cm幅に切る）
　… 150g
└ 塩 … 小さじ1/2
└ こしょう … 少々
└ 片栗粉 … 大さじ1 1/2
ごま油 … 大さじ2
卵 … 2個

作り方

① ゴーヤーは縦半分に切り、スプーンで種をとり除き、2〜3mm幅に切る。ボウルに塩とともに入れて混ぜ、20分おく。豆腐は重しをのせて30分水切りする。

② 豚肉に塩、こしょうをもみ込み、片栗粉をまぶす。フライパンにごま油大さじ1を入れ中火で熱し、豚肉を入れて火が通るまで焼き、取り出す。

③ ❷のフライパンにごま油大さじ1を入れ中火で熱し、水分をしっかり絞ったゴーヤーを入れて炒める。ゴーヤーに火が通ったら❷の豚肉、水切りした豆腐を大きめにちぎって入れ、やさしく混ぜる。

④ 卵をよく溶いてまわし入れ、卵に火が入るようにやさしく混ぜる [point a]。

大切に作り続けたい受け継ぐレシピ

point a
最後に入れる卵は加熱しすぎないこと。ふんわり仕上げる。

とろとろがおすすめ！ 半熟巾着卵

母が作ってくれる巾着卵は、卵がとろとろの半熟。
これが出てくるとうれしくて「やった～！」とよろこんでいました。
私は半熟卵が好きですが、煮る時間を調整して好みのかたさに仕上げてください。

材料　4人分

油揚げ … 2枚
卵(S～M玉) … 4個
万能ねぎ(小口切り) … 適量
スパゲッティ(4等分に折る) … 1本

A
| しょうゆ … 大さじ1
| 砂糖 … 大さじ1/2
| 酒 … 大さじ1
| 水 … 100mL

作り方

① 油揚げは熱湯(分量外)をかけて油抜きしておく。油揚げの上で菜箸をコロコロ転がしてから半分に切り、破れないように袋状に開く。

② 小さな器に卵を1個割り入れる。万能ねぎを小さじ2ほど加え、❶にこぼれないように入れる。口をスパゲッティで縫うように留める。残りも同様に作る。

③ 鍋にAを入れ中火で煮立たせ、❷を横に倒して入れ、ふたをして弱火で5分煮る。

④ ひっくり返し、中火にしてふたをして2分ほど煮る。

ふるふる！茶碗蒸し

一度覚えてしまえば簡単な茶碗蒸し。子どもの頃から大好きで、
大人になってからは、夢だったどんぶりで大きい茶碗蒸しを作ることも。
ふたつきの耐熱容器を使いますが、ない場合はアルミ箔などでふたをします。

材料　2人分

卵 … 1個
だし汁 … 卵の3倍量（約150mL）
塩 … ひとつまみ

【具材】
鶏もも肉（小さめのひと口大に切る）… 20g
むきえび（背わたをとりゆでる）… 小2尾
しいたけ（5mm幅に切る）… 1個
ぎんなん（加熱しておく）… 2〜4個
三つ葉（2mm幅に切る）… 1/5束

作り方

① 卵を溶いてだし汁、塩を入れ、泡立てないようによく混ぜる。

② 耐熱容器に具材を入れ、①の卵液を茶こしでこしながら8分目まで注ぎ入れ、ふたをする。

③ 耐熱容器が入る高さの鍋に、耐熱容器の1/4ほどの水を入れ沸騰させる。布巾を敷き、その上に②をのせ、ふたをして中火で3分、弱火で10分蒸す。

④ ひとつ取り出してふたを外し、ゆっくり傾ける。汁が透き通っていたら火が通ったサイン。火が通っていない場合は弱火で2〜3分追加加熱する。トッピング用にとり分けた三つ葉をのせる。

豚肉やわらか！しょうが焼き

母のしょうが焼きを思い出しながら作りました。
キャベツをたっぷり添えるなら、味つけは少し濃いめに。
米粉をまぶすことで味がしみやすく、薄切り肉でもボリュームが出ます。

材料　2〜3人分

豚ロース薄切り肉 … 160g
米粉 … 適量
ごま油 … 適量
玉ねぎ(1cm幅のくし形切り) … 1個
A｜しょうが(すりおろす) … 1かけ
　｜しょうゆ … 小さじ2
　｜砂糖 … 小さじ2
　｜酒 … 大さじ1
キャベツ(せん切り) … 適宜

作り方

① 豚肉をトレーに広げ、片面に米粉をふりかける。

② フライパンにごま油を入れ弱火で熱し、❶の豚肉の米粉をふった面を下にして焼く。色が変わったらひっくり返し、9割火が通ったら取り出す [point a]。

③ ❷のフライパンにごま油大さじ1を入れ弱火で熱し、玉ねぎを入れしんなりする手前まで2〜3分炒める。玉ねぎを端に寄せ、中火にして豚肉をフライパンにもどし、混ぜたAを入れる。

④ タレを豚肉に絡めたら全体を混ぜ、タレが全体に行き渡ったら火を止める。好みでキャベツを添える。

大切に作り続けたい受け継ぐレシピ

point a

豚肉は米粉をまぶして最初から弱火で焼くことでかたくなることを防ぐ。

大好きな母の味 レバにら炒め

子どもの頃、苦手だったレバー。ところが唯一これだけは食べられた思い出の味。
そんな母の味をようやく再現できました。
小さなお子さんには鶏レバーのほうがクセもなくやわらかくて食べやすいかもしれません。

材料　2人分

豚レバー(7〜8mmのそぎ切り)…200g

A
だしじょうゆ…小さじ2
酒…小さじ2
しょうが(すりおろす)…1/2かけ
にんにく(すりおろす)…1かけ

片栗粉、米粉…各大さじ2〜3
米油…大さじ3
もやし…1袋
にら(4cm長さに切る)…1束
塩…小さじ1/2
こしょう…少々

作り方

① ボウルにレバーを入れAをもみ込み、15分おく。

② 片栗粉と米粉をポリ袋に入れ、口をしばり振って混ぜる。①の汁気を軽く切ってひとつずつ入れ、肉に粉をまぶす【point a】。

③ フライパンに油を入れ中火で熱し、②を重ならないように並べて両面に焼き目をつける。

④ キッチンペーパーでフライパンの汚れを拭きとり、もやし、にら、塩、こしょうを入れ、もやしに火が通るまで2分ほど炒める。

point a
レバーはひとつずつ粉にまぶすとくっつきにくくなる。

大切に作り続けたい受け継ぐレシピ

大根を味わいたい ぶり大根

大根が最高においしくなるバランスを目指して、何度も作った自信作。
作りたてのぶりは少し薄味に感じるかもしれないけれど、煮つめたタレをつけてみて。
大根は皮を分厚くむくのがポイントです。

材料　2人分

ぶりの切り身 … 2切れ
└ 塩 … 小さじ1/2
大根(2cm厚さの半月切り) … 1/3本

A 水 … 100mL
　　酒 … 大さじ4
　　しょうが(薄切り) … 1かけ

B みりん … 大さじ3
　　しょうゆ … 大さじ1強

作り方

① ぶりの両面に塩をふる。沸騰した湯(分量外)にぶりを入れ、表面の色が変わったら氷水にあげ、表面のぬめりをとる。

② 鍋に大根とぶりを入れ、**A**を加えてふたをして中火にかける。沸騰したら弱火にして15分煮る。

③ **B**を入れたら鍋を揺すってまわし、タレを行き渡らせ、落としぶたをして中火で5〜10分煮る。

④ 落としぶたをとり、中火で煮汁を煮つめる。鍋底に煮汁がうっすら残る程度になったら火を止める。

ひと口で感動した さばのみそ煮

小学生の頃、「今日はさばのみそ煮」と言う母に「え〜〜〜」と嫌そうな顔をしていた私。
でも、渋々ひと口食べたら、信じられないくらいおいしくて……それから好きになりました。
さばが重ならずに並べられる大きさの鍋かフライパンで作ってみてください。

材料　4人分

さばの切り身 … 4切れ
└ 塩 … 少々

A
┃ しょうが(薄切り) … 1かけ
┃ 砂糖 … 大さじ2
┃ しょうゆ … 小さじ1
┃ 酒 … 100mL
┃ 水 … 150mL

みそ … 大さじ2
白髪ねぎ … 適量

作り方

① さばの皮目に十字の切り目を入れ、塩をふって15分おく。さばをザルに並べ、80℃くらいの熱湯(分量外)をかける。冷水にとり血合いなどを洗う。

② 鍋にAを入れて中火で熱し、沸騰させる。①のさばを皮目を上にして入れ、再沸騰したら1分煮る。

③ 火を止め、みそ大さじ1を溶き入れ、ふたをして中火で4〜5分煮る。

④ 火を止め残りのみそ大さじ1を溶き入れ、中火で煮汁をさばにかけながら、照りが出るまで煮る。白髪ねぎを添える。

母方の祖母の味 麻婆豆腐

これはおばあちゃんのレシピです。
豆腐を下ゆですることで水抜きができ、プラス温まって
最後の仕上げもサッと完了します。

大切に作り続けたい受け継ぐレシピ

材料　2人分

- 絹豆腐（1.5cm角に切る）… 1丁
- ごま油 … 大さじ1/2
- 長ねぎ（みじん切り）… 1/2本
- にんにく（みじん切り）… 1かけ
- しょうが（みじん切り）… 1かけ
- 豚ひき肉 … 100g
- **A**
  - 合わせみそ … 大さじ1/2
  - しょうゆ … 小さじ2
  - 砂糖 … 小さじ1
  - 豆板醤 … 小さじ1
  - 中華スープ … 100mL
- 【水溶き片栗粉】
  - 片栗粉 … 大さじ1/2
  - 水 … 大さじ1

作り方

① 沸騰した湯（分量外）に豆腐を入れて3分ゆで、そのまま湯の中においておく【point a】。

② フライパンにごま油を入れ中火で熱し、長ねぎ、にんにく、しょうが、ひき肉を炒める。

③ ひき肉の色が変わったら、混ぜ合わせたAを入れて全体を混ぜる。湯を切った①の豆腐を入れ、沸騰したら水溶き片栗粉を素早く混ぜながら入れ、全体をサッと混ぜてとろみをつける。

point a
豆腐は下ゆですることで水分が抜けて味がしみやすくなる。使う直前までそのまま湯の中においておく。

レンジでできる ふわとろ焼き

子どもの頃、自然薯や山いもがとれると、父と母が2人で準備してくれたお好み焼きパーティー。山いもたっぷりでふわふわとろとろ。ひっくり返すのが難しいのでレンジのレシピにしました。電子レンジの加熱時間は1人分で4分が目安。豚肉に火が通っているか必ず確認して。

材料　2～3人分

キャベツ (粗みじん切り) … 1/4 個
山いも (すりおろす) … 200g

A
- 卵 … 1個
- 米粉 … 大さじ2
- 和風だし … 小さじ1
- 塩、こしょう … 各少々

豚バラ薄切り肉 … 150g
- 塩、こしょう … 各少々

【トッピング】
ソース、マヨネーズ、削り節、青海苔、天かすなど … 各適宜

作り方

① ボウルにキャベツ、山いもと**A**を入れよく混ぜる。

② 耐熱容器に豚肉を敷きつめ、塩、こしょうをふる。その上に❶を入れる。

③ ラップをして600Wの電子レンジで8分加熱する。肉に火が通っているか確かめ、まだなら30秒ずつ追加加熱する。

④ 好みのトッピングをかける。

子どもも大好き 手作りがんもどき

おばあちゃんのレシピをもとに作ったがんもどき。豆腐はしっかり水切りするのがポイント。
娘はなにもつけず夢中で食べていますが、
大人の方はぜひ、揚げたてにしょうゆをたらして召し上がれ。

材料　小8個分

木綿豆腐 … 1丁
山いも(すりおろす) … 大さじ1
にんじん(短めのせん切り) … 1/5本
ごぼう(短めのせん切り) … 1/5本
ぎんなん(殻を外す) … 6〜8個

A | 卵白＊ … 1個
　| 塩 … ひとつまみ

揚げ油 … 適量

＊倍量作る場合は、全卵1個を使う。

作り方

① 木綿豆腐をキッチンペーパーで包み、重しをして20分ほど水切りする。

② ボウルに❶、山いも、にんじん、ごぼう、ぎんなんとAを入れ、手でしっかりつぶしながら混ぜる。

③ 8等分にして平たいだんご状に丸め、170℃の揚げ油で5〜6分、きつね色になるまで揚げる。

割下もわが家の味！ すき焼き

実家で市販のすき焼きのタレを使ったことはなく、母の教えは、手作りの割下。
自分で作るようになってからは、冬になるとだしじょうゆの消費量が
半端ないことに気づきました。具材は目安なのでお好みで。

材料　2〜3人分

【割下】
- だしじょうゆ … 大さじ3 1/2
- みりん … 大さじ4
- 酒 … 大さじ3
- 砂糖 … 大さじ2

牛脂 … 1かけ（または米油大さじ1）
卵 … 2〜3個

【具材（お好みのもの）】
長ねぎ … 1本
牛ロース薄切り肉 … 300g
白菜 … 4枚
しいたけ … 2個
絹豆腐 … 1/2丁
しらたき … 1/2袋
春菊 … 1束

作り方

① ボウルに割下の材料を入れて混ぜる。

② 具材を食べやすい大きさに切る。しらたきは下ゆでして食べやすい長さに切る。

③ 鍋または深めの大きいフライパンに牛脂を入れ、中火で熱し、長ねぎを焼く。焼き目がついたら端に寄せ、空いたスペースで牛肉を焼き、半分くらい火が通ったところで①の割下を注ぐ。

④ 割下が沸騰したら牛肉を取り出し [point a]、春菊以外の残りの具材を入れ、5分煮る。

⑤ 具材の上下をひっくり返して春菊を入れ、ふたをして5分煮る。牛肉をもどし入れる。溶いた卵を絡めていただく。

point a
割下はあらかじめ合わせて混ぜ、砂糖をしっかり溶かしておく。割下が沸騰したあと、牛肉を取り出し、火が通りすぎて肉がかたくなるのを防ぐ。

大切に作り続けたい受け継ぐレシピ

黄金のふわとろ 親子丼

わが家の親子丼は、少し甘味があってやさしい味。
丼はサッと作れるところもうれしい。私は断然、卵は半熟派ですが、
半熟より火を通したい場合は、煮込み時間で調整してください。

材料　2～3人分

米油 … 大さじ1
鶏もも肉(2cm角に切る) … 200g
└ 塩、こしょう … 各少々
玉ねぎ(1cm幅に切る) … 1個

A ┌ 砂糖 … 大さじ1
　　│ しょうゆ … 大さじ1
　　│ 酒 … 大さじ1
　　└ 水 … 50mL

三つ葉(2cm幅に切る) … 1束
卵 … 2個
温かいごはん … 適量

作り方

① フライパンに油を入れ中火で熱し、鶏肉の皮を下にして並べ、塩、こしょうをふる。鶏肉に焼き目がついたらひっくり返し、玉ねぎを入れて弱火にし、ふたをして2分蒸し焼きにする。

② **A**を入れて混ぜ、ふたをして中火寄りの弱火で5分煮る。

③ 中火にして三つ葉を入れ全体を混ぜる。卵を溶き、ぐつぐつしているところに箸を伝わせながら卵液をまわし入れる。ふたをして弱火で30秒、火を止めてふたをしたまま2分放置する。ごはんの上にのせ、トッピング用にとり分けた三つ葉(量は好みで)をのせる。

大切に作り続けたい受け継ぐレシピ

毎日でも食べたい 中華風炊き込みごはん

母はいろいろな炊き込みごはんを作ってくれましたが、
その中で1、2を争うくらい好きなのがこちら。家族中でお気に入りです。
鍋で作る場合は、②の工程から鍋で行い、そのまま炊いてください。

材料　作りやすい分量

米 … 2合
干ししいたけ … 2個
└ 水 … 320mL

A
- 豚バラ薄切り肉 … 100g
- にんじん … 1/2本
- 玉ねぎ … 1/2個
- たけのこ水煮 … 1/4個

米油 … 大さじ2

B
- しょうゆ … 大さじ2弱
- 砂糖 … 小さじ1/2
- 酒 … 大さじ1 1/2
- 塩 … 小さじ1/3

作り方

① 米をとぎ、ザルに上げる。干ししいたけを水に浸けてもどし、1cm角に切る。**A**はそれぞれ1cm角に切る。

② フライパンに油大さじ1を入れ中火で熱し、米以外の❶を炒める。玉ねぎの表面が透き通ったら、残りの油大さじ1を足して❶の米を入れ、表面が透き通るまで炒める。

③ 炊飯器に❷を入れ、❶のしいたけのもどし汁、**B**の調味料を加えて軽く混ぜ、炊飯する。炊きあがったら全体を混ぜる。

Column

鍋でごはんを炊く

「炊飯器を持っていません」と言うと驚かれます。
でも日本の住宅事情では、炊飯器を置く場所ももったいない。
実家でもずっとお鍋でごはんを炊いていました。
実は意外に早く炊きあがるし、何よりおいしいからおすすめです。
私はかためが好きですが、水加減はお好みで調整してください。

材料

米と水 … 1：1の割合で
（米1合に対して水180mL）

おいしく炊くポイント

- ●厚手でふたがしっかり閉まる鍋がおすすめ。
- ●炊きあがりにお米が鍋の2/3くらいになるよう、炊く量を調整する。
- ●鍋に米と水を入れて浸水させるときに、しっかり時間をかける。

作り方

① 米をやさしくとぎ、水を切る。

② 米、水を鍋に入れ、30分〜1時間浸水させる。

③ 中火にかけ、沸騰したら弱火にして10分炊く。

④ 火を消してふたをしたまま10分蒸らす。しゃもじで全体を切るように混ぜる。

Part 3

娘に伝えたい
私の褒められメニュー

私の料理は、祖母や母から受け継いできた味がベースになっています。
夫や子どもたち、家族においしいものを食べさせたい。
そうやって工夫されてきた実家の料理が、
今、家族をもつ身になった私を支えてくれています。
私自身が試行錯誤を重ねて作っている料理が、
いつか娘にも受け継がれていくことを願って……。

万能作り置き 牡蠣のつくだ煮

ふるさと納税で届いた冷凍牡蠣をつくだ煮に。
冷蔵庫で数日保存可能ですが、わが家では家族がすぐ食べるので作り置きになりません。
フォロワーさんからも、「何回もリピートしています！」とコメントいただきました。

材料　作りやすい分量

牡蠣(冷凍) … 400g

A ┃ しょうが(せん切り) … 1かけ
　┃ しょうゆ … 大さじ1
　┃ 砂糖 … 大さじ1
　┃ 酒 … 50mL

作り方

① ボウルに牡蠣を入れ、流水で1分ほど解凍する。表面が少しやわらかくなったらザルに上げ、キッチンペーパーで水気を拭きとる。

② 牡蠣が重ならずに入る大きさの鍋にAと①の牡蠣を入れ、中火にかけて煮る。火が通ってきたらひっくり返し、焦がさないようにときどき鍋を揺すりながら、水分が飛ぶまで煮る。

野菜たっぷり 小あじの南蛮漬け

小あじが安い時期に大活躍するレシピ。南蛮漬けは大好きなので、大きなあじの切り身をひと口サイズに切って作ったり、さばや鶏もも肉で作ったり、いろいろ応用しています。野菜はできるだけ細く切るのが私流です。

材料　2人分

小あじ(豆あじ)… 250g

A
  しょうゆ… 大さじ2
  酢… 大さじ4
  砂糖… 大さじ1〜2

玉ねぎ(繊維に沿って薄切り)… 1/2玉
にんじん(せん切り)… 1/3本
ピーマン(細切り)… 1〜2個
片栗粉… 適量
揚げ油… 適量

作り方

① 小あじは内臓をとり、洗ってキッチンペーパーで水分を拭きとる。頭は好みでとる。

② 耐熱容器にAを入れ、600Wの電子レンジで1分半加熱する。玉ねぎ、にんじん、ピーマンを入れて混ぜる。

③ 小あじに片栗粉をまぶし、180℃の油で揚げる。

④ 油を切り、❷に入れて全体を混ぜ、10分ほどおいて味をなじませる。

娘に伝えたい私の褒められメニュー

家でも簡単！ 鮭の西京漬

西京焼きが家でも作れて、しかもすごく簡単でびっくり！
漬けてから3日目くらいから食べられますが、5日目が一番好きです。
焼く前にみそダレを洗い流すほうが、繊細な味の変化を味わえます。

材料　2〜3人分

塩鮭(冷凍) … 2〜3切れ(250g)

A｜白みそ … 大さじ4
　｜砂糖 … 大さじ2
　｜みりん … 大さじ1
　｜酒 … 大さじ1

長ねぎ … 適宜

作り方

① 鮭が重ならずに入る大きさのバットなどに水(分量外)を張り、鮭を入れて1時間おいて、塩抜きする。鮭を取り出してキッチンペーパーで水分を拭きとる。

② ボウルにAを入れ、みそのダマがなくなるまでよく混ぜる。

③ ジッパー付き保存袋に❷を入れ、❶をひと切れずつ入れてみそダレをやさしくなじませる。平たくして空気を抜き、口を閉じる。冷蔵庫で3〜5日寝かせる。

④ 焼く前にみそダレを水で洗い流し、キッチンペーパーで水気を拭きとる。グリルの弱火か、またはフライパンで10〜12分焼く。好みで焼いた長ねぎを添える。

娘に伝えたい私の褒められメニュー

いろんな魚で試したい かつおのなめろう

もちろん、あじでもおいしいのですが、かつおが大特価だったときに
作ってみて、おいしさに驚愕……！ ぜひ、お魚が安いときに作ってみてください。
かつおをたたくときは、包丁2本を左右の手で持って、リズミカルに行うと素早くできます。

材料　2〜3人分

A｜万能ねぎ … 1/4袋
　｜しょうが … 1かけ
　｜大葉 … 10枚

かつお(刺身用) … 200g

B｜合わせみそ … 大さじ 1/2
　｜だしじょうゆ … 大さじ 1/2

作り方

① Aの薬味をみじん切りにする。

② かつおを1cm角に切る。まな板の上に置いたまま❶の薬味を加え、かつおを折りたたむように薬味をなじませたら、包丁でたたきながら混ぜる。

③ Bを加え、さらに包丁でたたきながら混ぜる。

特別な日のごちそうに！ 具だくさんポトフ

これは、特別な日に作りたいポトフ。
ウインナーでもいいけれど、ちょっと背伸びしたいときはぜひ豚肉のブロックで。
豚肉がほろほろ、野菜はゴロゴロで満足感たっぷりです。

材料　4人分

豚肩ロース肉（ブロック・4等分に切る）
　　… 600g
└ 塩 … 小さじ2
└ こしょう … 少々
米油 … 大さじ1
水 … 1.2L
ローリエ … 1枚
にんじん … 2/3本
じゃがいも … 1個
セロリ … 1/2本
玉ねぎ … 1/2個
キャベツ … 1/4玉
かぶ … 1個
ブロッコリー … 1/2株
塩、こしょう … 各適量

下準備

・豚肉は1時間前に冷蔵庫から出し、常温にもどしておく。

作り方

① 豚肉に塩、こしょうをすり込む。

② 鍋に油を入れ中火で熱し、❶を入れて全面がきつね色になるまで焼く。キッチンペーパーで鍋の油を拭きとり、水、ローリエを加え、沸騰したら弱火にして1時間煮る。

③ 野菜は大きめに切る【point a】。

④ 豚肉が煮えたら中火にし、にんじん、じゃがいも、セロリ、玉ねぎ、キャベツの順に入れる。ふたをして沸騰したら弱火で5分煮る。かぶの実と葉を入れ5分煮る。

⑤ じゃがいも、にんじんがやわらかくなっていることを確認し、塩、こしょうで味をととのえる。最後にブロッコリーを加え、2分煮る。

point a
キャベツや玉ねぎなど、芯を切り落とすとバラバラになる野菜は芯をつけたままくし形に切れば仕上がりの見栄えがよくなる。

あと一品！に重宝する
ベーコンとしめじのキッシュ

キッシュといっても、パイ皮はなしのオムレツ風。
あと一品足りないときに重宝します。チーズの量はお好みで変更しても。
材料は冷蔵庫に残ったものを適当に入れればOK！ アレンジ無限大です。

材料　2〜4人分

無塩バター … 10g
ベーコン(1cm角に切る) … 4枚
しめじ(1cm角に切る) … 1/2株
塩、こしょう … 各少々
卵 … 2個

A｜牛乳 … 大さじ4
　｜マヨネーズ … 大さじ1
　｜ピザ用チーズ … 40g

作り方

① フライパンにバターを入れ中火で熱し、ベーコン、しめじを入れて塩、こしょうをふり、しめじがしんなりするまで炒める。

② 耐熱容器に卵を割り入れて溶く。Aの材料を入れて混ぜ、①を入れて混ぜる。ラップをして500Wの電子レンジで2分30秒加熱する [point a]。

③ ラップをとり、焦げ目がつくまでトースターで焼く。

＼おすすめ具材組み合わせ／
○ ブロッコリー×トマト×ベーコン
○ かぼちゃ×玉ねぎ
○ きのこ(数種類合わせる)
○ アスパラ×ウインナー
○ ほうれん草×とうもろこし
○ ミックスベジタブル×ハム(冷凍の場合は温めてから)
○ 牡蠣×アンチョビ×じゃがいも

point a
電子レンジは500Wで加熱することで、やわらかく仕上がる。ゆるければ20〜30秒ずつ様子を見ながら追加加熱する。

何にでも合う作り置き ねぎ肉みそ

これは永久保存版のレシピ！蒸し野菜にかければメイン料理に、ごはんにかけて丼ものに。
他にも、揚げなす、厚揚げ、生キャベツ……何にでも合います。
合わせみその代わりに赤みそでもOK。冷蔵庫で数日保存可能。

材料　作りやすい分量

合びき肉 … 200g
にんにく(すりおろす) … 1かけ
しょうが(すりおろす) … 1かけ

A
合わせみそ … 大さじ3
砂糖 … 大さじ2
酒 … 大さじ1
しょうゆ … 大さじ1/2
豆板醤 … 小さじ1
水 … 大さじ1

長ねぎ(粗みじん切り) … 1本

作り方

① 耐熱容器にひき肉を入れ、にんにくとしょうがを加える。ラップをして600Wの電子レンジで2分半加熱する。

② ❶を取り出して全体を混ぜる。この時点では生の部分があっても大丈夫。

③ A、長ねぎの順に入れ、都度よく混ぜる。平らにならし、ふたをせず600Wの電子レンジで3分加熱する。最後にもう一度よく混ぜる。

娘に伝えたい私の褒められメニュー

わが家のスタメン しいたけそぼろ丼

新婚当初、しいたけを大量消費したくて作ったら絶品で、以来、わが家のレギュラー丼に。
しいたけこんなに入れるの？と思うかもしれませんが、大丈夫！
仕上げの水溶き片栗粉は混ぜたらすぐ加え、全体に混ぜるときも素早く行います。

材料　2人分

しいたけ … 10個
米油 … 大さじ1
合びき肉 … 160g

A │ しょうゆ … 大さじ1 １/２
　　│ みりん … 大さじ1
　　│ だし汁 … 150mL

【水溶き片栗粉】
│ 片栗粉 … 小さじ2
│ 水 … 小さじ2

温かいごはん … 適量
万能ねぎ(小口切り)、糸唐辛子、
　花椒 … 各適宜

作り方

① しいたけの石づきを切り落とし、軸は薄切り、かさは7㎜角に切る。

② フライパンに油を入れ中火で熱し、❶とひき肉を入れ、ときどき混ぜながら炒める。

③ 豚肉に火が通ったらAを入れてふたをし、しいたけがしんなりするまで煮る。

④ 水溶き片栗粉を素早く混ぜながら入れ、全体にとろみをつける。ごはんにのせ、好みで万能ねぎ、糸唐辛子、花椒などをちらす。

ずっと作りたい しょうゆバターたらこパスタ

実は、外食のたらこパスタが苦手でした。おいしいのに、なぜか食べきれない。
そこで、自分が「これなら食べきれる！」と思うものを作りました。
トッピングはたっぷりかけるのがおすすめ。

材料　2人分

A
- 無塩バター … 20g
- しょうゆ … 小さじ2
- 牛乳 … 大さじ4
- にんにく(すりおろす) … 小さじ1

- たらこ(薄皮をとり除く) … 60g
- スパゲッティ … 160g
- 大葉(細切り) … 4枚
- きざみ海苔 … 適量

作り方

① 大きめの耐熱ボウルにAを合わせ、ラップをして600Wの電子レンジで30秒加熱する。

② たらこを❶に加え混ぜる。

③ スパゲッティを袋の表示通りにゆでる。

④ スパゲッティがゆであがったら、❷に加えて手早く混ぜる。器に盛り、大葉と海苔をのせる。

家族が大絶賛 スパゲッティ・ポモドーロ

イタリアで食べたトマトパスタが忘れられなくて、家でも食べたいと思って作りました。
夫に褒められまくったレシピです。
バジルの代わりに大葉を使ってもOKです。

材料　2人分

オリーブ油 … 大さじ2
にんにく（つぶす）… 2～3かけ
ミニトマト … 30個
塩 … ふたつまみ
砂糖 … 小さじ1
スパゲッティ … 160g
バジル … 適量

作り方

① フライパンにオリーブ油、にんにくを入れ、弱火にかける。

② にんにくの香りがしてきたらミニトマトを入れ、中火で炒める。皮が破れてきたらつぶしていく。トマトの水分が出て、全体的にクタッとなったら塩、砂糖を入れて混ぜる。

③ スパゲッティは袋の表示時間より1分短くゆであげ、❷のソースに加えて手早く混ぜる。

④ 器に盛り、バジルをのせる。

ひと手間で格上げ！
ボロネーゼのパスタ

こちらも、家族が大好きなパスタ料理。
使うパスタは平麺のタリアテッレだと本格的になります。
パスタを絡める前のソースは冷凍保存可能なので作り置きにも。

娘に伝えたい私の褒められメニュー

材料　2人分

- オリーブ油 … 大さじ1 1/2
- にんにく（みじん切り）… 1かけ
- しょうが（みじん切り）… 1/2かけ
- 赤唐辛子（種をとり除く）… 1本
- **A**
  - にんじん（みじん切り）… 1/5本
  - 玉ねぎ（みじん切り）… 1/4個
  - セロリ（みじん切り）… 1/6本
- 牛ひき肉 … 200g
  - 塩 … 小さじ1/3
  - こしょう … 少々
- **B**
  - トマト缶 … 1/2缶（200g）
  - トマトケチャップ … 大さじ1
  - 砂糖 … 小さじ1
  - 赤ワイン … 50mL
  - 水 … 100mL
  - 塩、こしょう … 各少々
- タリアテッレ … 120g
  （ない場合は1.7mmのスパゲッティ160g）
- パルメザンチーズ … 適宜
- パセリ（みじん切り）… 適宜

作り方

① フライパンにオリーブ油大さじ1、にんにく、しょうが、赤唐辛子を入れて弱火にかけ、香りが出るまで炒める。**A**を加え、中火で玉ねぎがしっとり粘度が出るまで炒め、一旦取り出す。

② ひき肉に塩、こしょうをふってスプーンで混ぜ、押さえてまとめておく。①のフライパンにオリーブ油大さじ1/2を入れ中火で熱し、ひき肉を入れて上からぎゅっと押さえつけ、そのまま焼き目がつくまでさわらずに焼く【point a】。ひっくり返し、もう片面も同様に焼く【point b】。

③ キッチンペーパーでフライパンの油を半分ほど拭きとる。①、**B**を入れてひき肉をざっくりほぐしながら全体を混ぜ、沸騰したら弱火にしてときどき混ぜながら10分煮る。

④ タリアテッレを袋の表示時間より1分短くゆであげ、③のソースに加えて手早く混ぜる。好みでパルメザンチーズとパセリをちらす。

point a
肉を焼くときはさわらずにしっかり焼き目をつけ、香ばしさを引き出すのが最大のポイント。

point b
ひっくり返して両面に焼き色をつけてからほぐす。

世界一おいしい料理に選ばれた ビーフレンダン

東南アジアの料理、ビーフレンダン。旅先で偶然いただいたのがおいしくて、家でも再現すべく、30回以上試作を繰り返しました！ 本場では牛スネ肉などのブロックで作るようですが、好みと作りやすさで牛切り落とし肉に落ち着きました。

材料　4人分

牛切り落とし肉 … 400g
└ 塩 … 小さじ1
└ 酒 … 大さじ1

A
　レモングラス … 4g
　赤唐辛子 … 2〜3本
　カシューナッツ … 80g
　しょうが … 1かけ
　にんにく … 2〜3かけ

ココナッツミルク … 400mL
米油 … 大さじ1
水 … 200mL

B
　カレー粉 … 大さじ1 1/2
　塩、こしょう … 各少々

温かいごはん … 適量
カシューナッツ、花椒(粗びき)
　… 適宜

作り方

① 牛肉に塩、酒をふる。

② フードプロセッサーに**A**を入れ、しっかり撹拌する。ココナッツミルクを200mL入れ、とろとろ流れ落ちるくらいまでさらに撹拌する【point a】。

③ 鍋に油を入れ中火で熱し、牛肉を入れて全体の色が変わるまで炒める。

④ ❷と残りのココナッツミルク200mL、水を加えて全体を混ぜ、沸騰したら弱火にし、ふたをしてときどき混ぜながら1時間半〜2時間煮る。焦げそうになったら水(分量外)を足す。

⑤ 木ベラで肉をくずし、**B**を加えて中火にし、ひと煮立ちさせる。ごはんを添え、好みでカシューナッツと花椒をふりかける。

point a
フードプロセッサーがない場合は、**A**をみじん切りにしてからココナッツミルクを加えてミキサーにかける。写真くらいの状態になるまで撹拌する。

娘に伝えたい私の褒められメニュー

Column

器のこと

物心ついた頃には、大好きだった器。
このお皿にあの料理をのせたら、絶対素敵！ と夢見るものの……
置く場所も限られているから、なかなか手に入れられません。
それでも少しずつ、少しずつ、ときめくものを買い集めている段階です。

実家の器

私の原点、実家にあって大好きだった器です。右端の、ふたがついた小さな器は茶碗蒸し用。ふたをとる瞬間がたまりません。右下の器は耐熱性で、よくグラタンを作っていました。和風柄だけど、意外と合うんです。左の白と紺のお皿は万能。上の四角いお皿は煮物や麻婆豆腐にぴったり。

お気に入りの器

今現在、お気に入りで使っている器です。ガラスのお皿は野菜たっぷりのせん切りサラダをのせたり、なめろうや南蛮漬けなどお魚料理にも。真ん中の穴が開いた器は陶器の水切り皿です。パスタなどに重宝しているのが、左上のほうにあるリムのついた丸いお皿。そのほか、四角いお皿は食卓に変化をつけたいときなど、いろいろ使えて便利です。

Part 4

野菜をたっぷり食べてほしいから、あると安心する副菜とスープ

インスタグラムで大人気になったサラダは、祖母の代表作。
やはり親子3代レシピは、サラダやきんぴら、浅漬け、
具だくさんの汁物など、野菜がおいしく食べられるメニューが目白押しです。
やたらせん切りのメニューがたくさん出てきますが、
私自身はせん切りが大好き。包丁で切ってもいいですし、
せん切りスライサーなら簡単に細かいせん切りができます。
逆にスープなど煮込む料理は大きめのごろっとした野菜で旨味を味わいます。

祖母から伝わる 白菜ツナサラダ

子どもの頃、お皿を抱えて食べていたこのサラダ。
白菜の代わりに大根でもおいしくできます。冷蔵庫で2〜3日保存可能。
母は翌朝、マスタードを塗ったパンに挟んでサンドウィッチにしていました。

材料　作りやすい分量

白菜 … 1/4個
塩 … 小さじ1

A ｜ ツナ缶（オイル）… 1缶
　　｜ マヨネーズ … 大さじ3
　　｜ こしょう … 適量

作り方

① 白菜を葉の部分と軸の白い部分に切り分ける。軸の部分は縦半分に切り、繊維を断ち切るように3mm幅に切る。ボウルに入れ、塩をまぶして全体をよく混ぜる。

② 葉の部分は縦3等分（大きければ4等分）に切り、繊維を断ち切るように1cm幅に切る。❶のボウルに入れ、全体をよく混ぜたらまとめて、ラップをして30分おく。上下をひっくり返し、ラップをしてさらに15分おく。

③ 白菜をかたく絞り、出た水分を捨てる。Aを加えよく混ぜる。

祖母の代表レシピ きゅうりのたたき漬け

おばあちゃんが残してくれたきゅうり料理の中で一番好き。
きゅうりが安い時期に大量消費＆常備菜として大活躍します。
おかずの一品としてはもちろん、ビールにも最適です。

材料　作りやすい分量

きゅうり … 3本
塩 … 適量

A ｜ しょうゆ … 大さじ3
　　｜ 干し桜えび … 大さじ2
　　｜ にんにく（みじん切り）… 1かけ
　　｜ しょうが（みじん切り）… 1/2かけ
　　｜ 赤唐辛子（薄い輪切り）… 1本
　　｜ 長ねぎ（白い部分、みじん切り）… 1/3本
　　｜ ごま油 … 小さじ2
　　｜ 酢 … 大さじ1 1/2
　　｜ みりん … 小さじ2

作り方

① きゅうりは塩で板ずりし、30分おく。めん棒でたたき、乱切りにして30分おく。

② ボウルにAを入れて混ぜる。

③ ❶の水気を切り、❷に入れて混ぜ、2時間以上漬ける。

野菜をたっぷり食べてほしいから、あると安心する副菜とスープ

わが家のレギュラー副菜 3色ナムル

無限に食べられるナムルです。チューブのわさびを使用しますが、
全然わさび感なく食べられます。お子さまが食べるときだけ、少し気をつけて。
もっとわさび感がほしい場合は20cm以上しっかり入れます。

材料　作りやすい分量

にんじん(せん切り)… 1/2本
もやし … 1袋
ほうれん草(4cm幅に切る)… 6株

A｜だしじょうゆ … 大さじ1 1/2
　｜ごま油 … 大さじ1
　｜練りわさび(チューブ)… 10cm

作り方

① 沸騰した湯(分量外)ににんじんを入れて2分、もやしを加えて1分ゆでてザルに上げ、広げて粗熱をとる。湯は捨てずにそのままにしておく。

② 残しておいた湯を再度沸騰させ、ほうれん草の茎を入れ30～60秒、次にほうれん草の葉を加え30秒後にザルに上げ、広げて粗熱をとる。

③ ボウルにAを入れてよく混ぜる。❶と❷の野菜が温かいうちにボウルに加え、全体をよく混ぜる。

細いせん切りがキモ！ 秋の根菜サラダ

作り置きできるサラダですが、わが家ではおかわりが多くてすぐになくなるので、
なかなか作り置きにならないという悩みが。とにかく材料を細く細く切るのがポイントです。
冷蔵庫で3〜4日間くらい保存可能。

材料　作りやすい分量

サラダごぼう（細いせん切り）… 5本
れんこん（薄いいちょう切り）… 100g
にんじん（細いせん切り）… 1/3本

A
　マヨネーズ … 大さじ3
　粒マスタード … 小さじ1 1/2
　しょうゆ … 大さじ1
　レモン汁 … 大さじ1
　ツナ缶 … 1缶
　黒こしょう … 適量

作り方

① 沸騰した湯（分量外）にサラダごぼう、れんこん、にんじんを入れて1分半ゆで、ザルに上げる。粗熱がとれたら水分をかたく絞る。

② ボウルにAを入れて混ぜ、①を加えて全体をよく混ぜる。

野菜をたっぷり食べてほしいから、あると安心する副菜とスープ

絶対に覚えたい きんぴらごぼう

実家では昔からおかずの定番だった、きんぴらごぼう。
冷凍も可能で、お弁当にもぴったりだと思います。
ごぼうとにんじんは同じ太さのせん切りにすることで、火の通りも見た目もよくなります。

材料　作りやすい分量

ごま油 … 大さじ1
ごぼう (せん切り) … 2/3本
にんじん (せん切り) … 1/3本

A ┃ しょうゆ … 大さじ1
　　┃ 砂糖 … 大さじ1
　　┃ 酒 … 大さじ1

白いりごま … 適量

作り方

① フライパンにごま油を入れ中火で熱し、ごぼうとにんじんを入れ、ごま油が全体にまわるように炒める。

② **A**を加え、水分が飛ぶまで3〜4分ほど炒める。白ごまをふりかける。

食感を楽しむ れんこんのきんぴら

同じきんぴらでも、こちらはあえて太めに切ります。
れんこんはお好みで1cm厚さのいちょう切りにしてもOK。
家族が好きなのは太いスティック状で、違う食感を楽しんでいます。

材料　作りやすい分量

ごま油 … 大さじ1
赤唐辛子 (輪切り) … 1本分
れんこん (1cm太さのスティック状) … 2節

A ┃ しょうゆ … 大さじ2
　　┃ 砂糖 … 大さじ1
　　┃ みりん … 大さじ1
　　┃ 酒 … 大さじ2

作り方

① フライパンにごま油を入れ弱火で熱し、赤唐辛子を入れて香りが出るまで加熱する。れんこんを入れ、油が全体にまわるように炒める。

② **A**を入れ、ときどき混ぜながら、水分が飛ぶまで炒める。

野菜をたっぷり食べてほしいから、あると安心する副菜とスープ

新玉ねぎで作ってほしい とろとろ和風新たま

わが家では、玉ねぎ1個で作ると取り合いになるので、食べる直前に分けています。
普通の玉ねぎでもできますが、なんと言っても新玉ねぎのおいしさが最高。
やわらかくなるまでじっくり加熱して。

材料　2人分

新玉ねぎ … 大1個
無塩バター … 5〜10g

A しょうゆ … 小さじ1
しょうが … $\frac{1}{4}$かけ
塩昆布 … 3〜5g(ひとつまみ)

作り方

① 新玉ねぎは放射状に切れ込みを入れる。芯まで突き抜けないよう、8割くらいの深さで。

② 玉ねぎを耐熱皿にのせ、切れ込みにバターを押し込む。

③ **A**を❷にかけ、ラップをして600Wの電子レンジでとろっとするまで6分ほど加熱する。様子を見て加熱が充分でない場合は、30秒ずつ追加加熱する。

いつも大量に作り置きする キャロットラペ

人生で一番作っていると言っても過言ではない作り置き。スペインバルで食べた味を
再現したくて、試行錯誤の末できました。毎回、たくさん作って保存しています。
食べるときは、汁に浸かっている下のほうから取り出していくのがおすすめ。

材料　作りやすい分量

にんじん … 3本
酢 … 150mL
はちみつ … 大さじ1 $\frac{1}{2}$
ローリエ … 1枚
にんにく(つぶす) … 1〜2かけ
オリーブ油 … 60mL
塩 … 小さじ$\frac{1}{2}$
こしょう … 適量

作り方

① にんじんは細いせん切りにする。

② 鍋ににんじん以外の材料を入れ、中火で沸騰させる。にんじんを加え、混ぜて全体がなじんだら火を止めて粗熱をとる。

③ 冷めたら汁以外を保存容器に入れ、1〜2cmの高さからトントンと落とし空気を抜く。最後に鍋に残った汁を入れ、冷蔵庫でよく冷やす。

野菜をたっぷり食べてほしいから、あると安心する副菜とスープ

夏になると頻出する なすとピーマンの煮びたし

夏になると、実家は祖父が家庭菜園で作ったなすとピーマンで溢れかえります。そのとき母が1番作ってくれたのがこちら。なすとピーマンを一緒に炒めると、なすにピーマンの苦味が移ってしまうので別々に炒めてから合わせます。

材料　3〜4人分

米油 … 大さじ3
なす(ひと口大の乱切り) … 3本

A
| だし汁 … 100mL
| しょうゆ … 大さじ1
| 砂糖 … 大さじ1
| 酒 … 大さじ1

ピーマン(ひと口大の乱切り) … 6個

B
| だし汁 … 50mL
| しょうゆ … 大さじ1
| 砂糖 … 大さじ1
| 酒 … 大さじ1

作り方

① フライパンに油大さじ2を入れ中火で熱し、なすを入れて全体的に焼き色がつくように炒める。**A**を入れ、中火でときどき混ぜながら3〜4分煮て、取り出しておく。

② フライパンに油大さじ1を入れ中火で熱し、ピーマンを入れて表面に焼き色がつくまで焼く。**B**を入れ、沸騰したら弱火でときどき混ぜながら3分煮る。

③ 器に❶と❷を一緒に盛りつける。

デパ地下風! 夏野菜のたこマリネ

マリネが大好きで毎週何かしら作っています。中でもこのレシピがお気に入り。
他にえびやいかでもいいし、野菜だけでもおいしいです。持ち寄りの一品にもおすすめ。
食べる直前まで冷やしておくのがポイントです。

材料

玉ねぎ(細いせん切り) … 1/2個
にんじん(細いせん切り) … 1/2本
きゅうり(細いせん切り) … 1本
ズッキーニ(細いせん切り) … 1本
塩 … ふたつまみ

A | オリーブ油 … 大さじ3
　 | 酢 … 大さじ2
　 | レモン汁 … 大さじ2
　 | はちみつ … 大さじ1
　 | 粒マスタード … 小さじ2
　 | 塩 … ひとつまみ

ゆでだこ(薄いそぎ切り) … 100g

作り方

① ボウルに野菜を入れ、塩をふって全体になじませ、15～20分おく。出てきた水分をかたく絞る。

② 別のボウルにAを合わせ、❶とゆでだこを入れ、ほぐしながらしっかり混ぜる。

野菜をたっぷり食べてほしい……、あると安心する副菜とスープ

手が止まらない とうもろこしの唐揚げ

とうもろこしが出てくる季節になると必ず作ります。手が止まらなくなるおいしさ！
よく「芯も食べるのですか？」と質問されますが、芯は残します。
米粉がない場合は片栗粉を使ってみて。

材料　1〜2人分

とうもろこし … 1本
米粉 … 大さじ1
塩 … 小さじ½
揚げ油 … 適量

作り方

① とうもろこしは長さを3等分に切り、さらに芯がついたまま縦に4等分のくし切りにする。

② ポリ袋に米粉、塩を入れ、袋の口を閉じて振り、よく混ぜる。❶を入れ、粉をまぶす。

③ 揚げ油を180℃に熱し、とうもろこしの実を下にして入れ、2分半揚げる。

ビストロの味！ とうもろこしのムース

唐揚げとともに、とうもろこしの季節になると作るこちら。
フォロワーさんからも、何度も作ったというご報告をよくいただきます。
とうもろこしが切らずに入るフライパンや鍋で皮を残したまま蒸します。

材料　作りやすい分量

とうもろこし … 2本
粉ゼラチン … 5g
水 … 大さじ2
牛乳 … 200mL
塩 … ひとつまみ
粗塩、粗びき黒こしょう、
　　オリーブ油 … 各適量

作り方

① とうもろこしは皮を数枚残したまま10分蒸し、そのまま10分おく。

② ゼラチンと水を合わせ、ふやかしておく。

③ とうもろこしの皮をむいて実をとり、牛乳と一緒にミキサーかブレンダーでしっかり撹拌する。粗めのザルでこす。

④ 鍋に❷、❸、塩を入れ、弱火で混ぜながら温める。湯気が少し出るくらいに温まったら火を止めて完全に冷ます。保存容器に入れ、冷蔵庫で一晩冷やし固める。好みの量をスプーンで盛りつけ、粗塩、黒こしょう、オリーブ油をかける。

野菜をたっぷり食べてほしいから、あると安心する副菜とスープ

85

ポン酢を使った カプレーゼ

本場、イタリアのカプリ島で食べたカプレーゼを再現しました。
本場ではバジルですが、手に入りやすい大葉を使って。味つけにポン酢を使うのもオリジナル。
味つけしてから一晩以上寝かせるとベストです。

材料　2人分

ポン酢 … 大さじ2
トマト（1cm厚さの輪切り）… 2個
大葉 … 8枚
ガーリックオイル* … 大さじ½
モッツァレラチーズ … 1個

＊ガーリックオイルは、みじん切りのにんにくをオリーブ油でカリカリになるまで炒めても作れる。

作り方

① トマトが重ならないサイズの皿か保存容器にポン酢大さじ1を入れ、トマトを並べる。

② トマトの上に大葉を1枚ずつのせ、残りのポン酢大さじ1とガーリックオイルをまんべんなくかける。食材に密着させるようにラップをし、冷蔵庫で2時間以上寝かせる。

③ モッツァレラチーズを食べやすいサイズにちぎり、❷とともに盛りつける。

- -

あと一品！の作り置き トマトの白ワイン漬け

できるだけ熟したトマトで作ってほしい作り置き。さっぱりしていて、
もちろん白ワインのお供にぴったり。あと一品、というときに冷蔵庫にあると助かります。
鍋と保存容器は、トマトが重ならず入る大きさのものを使って。

材料　4〜6人分

トマト（熟したもの）… 小6個
白ワイン … 150mL
はちみつ … 大さじ4
水 … 300mL

作り方

① トマトは浅く十字に切り込みを入れる。沸騰した湯にトマトを入れて20秒ほど転がし、皮がむけてきたら取り出して氷水に入れ、皮をむく。

② 大きめの鍋に白ワインを入れ、中火にかける。沸騰したら弱火にして3〜5分アルコールを飛ばし、火を止める。

③ はちみつを入れて溶かし、水、❶のトマトを入れる。粗熱がとれたら保存容器に入れ、冷蔵庫で一晩おく。

野菜をたっぷり食べてほしいから、あると安心する副菜とスープ

87

絶対おかわりする 具だくさん豚汁

冬になると1、2を争うくらい作っている大好きな大好きな豚汁です。
みそを2回に分けて入れることで、具材に味がしっかり入り、すぐ食べてもおいしくなります。
野菜は大きめに切って食べがいのある汁物に。

材料　作りやすい分量

米油 … 大さじ 1/2
豚バラ薄切り肉(1cm幅に切る) … 150g

A
| だし汁 … 1L
| さといも(ひと口大に切る) … 2個
| 大根(6〜7mmのいちょう切り) … 1/10本
| にんじん(6〜7mmのいちょう切り) … 1/2本
| ごぼう(5mm幅の輪切り) … 1/2本
| こんにゃく(縦半分に切り、薄切り) … 1/3枚
| 油揚げ(熱湯をかけ油抜きし、1cm幅に切る) … 1枚

みそ … 大さじ3
絹豆腐(さいの目切り) … 1/2丁
長ねぎ(薄い輪切り) … 1本

作り方

① 鍋に油を入れ中火で熱し、豚肉を色が変わるまで炒める。**A**を入れ、沸騰したらアクをとる。

② みそ大さじ1 1/2を溶き入れ、野菜がやわらかくなるまで煮る。残りのみそ大さじ1 1/2を溶き入れ、味見をして足りなければみそを少しずつ足して味をととのえる。

③ 豆腐、長ねぎを入れてやさしく混ぜ、沸騰直前で火を止める。

野菜をたっぷり食べてほしいから、あると安心する副菜とスープ

野菜不足の救世主！ ミネストローネ

野菜がたっぷりとれて適当に作れるスープNo.1！
野菜は冷蔵庫に余ったものを全部角切りにしてトマト缶を入れればOKです。
ベーコンの代わりにひき肉を使ってもおいしくできます。

材料　4〜5人分

オリーブ油 … 大さじ1
ベーコンブロック（1cm角に切る）… 60g
玉ねぎ（1cm角に切る）… 1/2個
にんじん（1cm角に切る）… 1/3本
キャベツ（1cm角に切る）… 外側2枚
じゃがいも（1cm角に切る）… 1個
しめじ（1cm角に切る）… 1/2株

A｜トマト缶 … 1/2缶（200g）
　｜水 … 800mL
　｜顆粒コンソメ … 小さじ2
　｜塩 … 小さじ1

塩、こしょう … 各少々

作り方

① 鍋にオリーブ油を入れて中火で熱し、ベーコンと玉ねぎを炒める。ベーコンに焼き色がついたら残りの野菜を入れて全体を混ぜ、**A**を入れてふたをする。

② 沸騰したらとろ火にし、にんじんがやわらかくなるまで約10分煮る。塩、こしょうで味をととのえる。

野菜がごろごろ！ クリームシチュー

昔から母が作るシチューはルウを使わず、その影響で私もルウを使わないようになりました。
このクリームシチューは米粉でとろみを出しています。
牛乳と米粉はボトルなどに入れ、振ってよく混ぜます。

材料　3〜4人分

鶏もも肉（ひと口大に切る）… 200g
└ 塩、こしょう … 各少々

A
じゃがいも（ひと口大に切る）… 1個
にんじん（ひと口大に切る）… 2/3本
玉ねぎ（ひと口大に切る）… 1個
水 … 200mL
塩 … 小さじ1

ブロッコリー（小房に分ける）… 1/4株
牛乳 … 400mL
米粉 … 大さじ2
塩、こしょう … 各少々

作り方

① 鶏肉に塩、こしょうをふり、もみ込む。

② 鍋に鶏肉とAを入れ、中火にかける。沸騰したら弱火にして12〜13分ほど、にんじんがやわらかくなるまで煮る。

③ ❷の具材を寄せ、あいたところにブロッコリーを入れ、ふたをして2分煮る。

④ 牛乳と米粉をよく混ぜて❸に加え、全体を混ぜながら中火でとろみが出るまで加熱し、味見をして塩、こしょうで味をととのえる。

野菜をたっぷり食べてほしいから、あると安心する副菜とスープ

母から伝わる かぼちゃスープ

かぼちゃの季節になると、母が作ってくれたスープ。子どもの頃から私も大好き。
今は娘も大好きで、順調にかぼちゃスープ狂に育っています。
離乳食にする場合は③の工程のあと、小分けにして冷凍します。

材料　作りやすい分量

無塩バター … 20g
玉ねぎ (横にして繊維を断ち切るよう薄切り)
　… 1個
かぼちゃ (皮をむき、薄切り) … 1/4個
水 … 150mL
豆乳 (牛乳でもOK) … 400mL
塩 … 小さじ 2/3
こしょう … 少々
パセリ (みじん切り) … 適宜

作り方

① 鍋を中火で熱し、バターを入れて溶かし、玉ねぎを入れしんなりするまで炒める。かぼちゃを入れて全体を混ぜ、水を入れてふたをする。

② 沸騰したら全体を混ぜ、ふたをして1分煮る。火を止めて20〜30分放置し、余熱で火を通す。

③ やわらかくなったらミキサーかブレンダー (マッシャーでもよい) でなめらかになるまで撹拌する。

④ 豆乳、塩、こしょうを入れ、再度ミキサーかブレンダーでなめらかになるまで撹拌し、食べる直前に温める。好みでパセリをふる。

Column

道具と食材、調味料のこと

できるだけシンプルに。これが私の方針です。家が広くないというのもあるけれど、たくさんあっても使わなくなってしまうのが嫌で、調理器具は本当に必要なものを厳選。だから検討の時間が長く、ものによっては7年くらい迷っています。
調味料も、焼肉のタレやドレッシングは買いません。たくさんあると管理しきれないから。おかげで冷蔵庫の中に期限切れの調味料はほとんどありません。

愛用しているキッチンツール

仕様や口コミを見て、よく検討してから購入しています。トングやフライ返しなど、金属でできているものは見栄えもいいですし、使いやすさも抜群なのです。最高に出番が多いのはやっぱりスライサー。サラダも、マリネも、南蛮漬けも、とにかく野菜をせん切りにするときはスライサーが役に立ちます。そして個人的に、絶対みなさん使ったほうがいい！と思うのは、オイルボトル。たとえばオリーブ油など、使うたびにたれてしまうのがプチストレスなのですが、このオイルボトルを使ってみたらその悩みがすべて解決しました！

常備したい食材

食材を買うのはおもにネットや会員制の宅配業者。そのほか、地方に行ったときなどはその土地の「おいしいもの」や「自然栽培のもの」を試してみています。干ししいたけは、水でもどすときに香り高いだしが出るので、おいしそうなものを見つけたら必ず買ってしまう食材。また、アレルギーというわけではないけれど、なるべくグルテンを避けているのも特徴のひとつ。とろみをつけるのに米粉を使ったり、グルテンフリーのパスタを選ぶことも。もちろん、米粉の代わりに小麦粉を使ったり、小麦のパスタを使ってもおいしくできますよ。だしは、にんべんの「薫る味だし」パックを煮出して使っています。

愛用している調味料

しょうゆやお砂糖、みそ、油など、基本となる調味料は「SLクリエーションズ」のもの。母が使っていたので、私も小さい頃からこの味が好きで、手放せません。ポン酢やだしじょうゆなどもよく使っています。みりんや酢、お酒は、絶対にこれと決めたものはないけれど、なるべく製造過程がシンプルで昔ながらの作り方のところを選んでいます。

INDEX

肉

合びき肉
ロールキャベツ ……………… 14
こねないハンバーグ ………… 26
なすとミートソースのグラタン … 34
ねぎ肉みそ …………………… 64
しいたけそぼろ丼 …………… 65

牛スネ肉(ブロック)
ビーフシチュー ……………… 22

牛肉切り落とし
ビーフレンダン ……………… 70

牛バラ薄切り肉
ハヤシライス ………………… 8

牛ひき肉
ボロネーゼのパスタ ………… 68

牛もも肉(ブロック)
ローストビーフ ……………… 20

牛ロース薄切り肉
すき焼き ……………………… 50

鶏むね肉
チキンカツ …………………… 33

鶏もも肉
母の唐揚げ …………………… 11
筑前煮 ………………………… 16
高野豆腐入り炒り鶏 ………… 30
鶏の照り焼き ………………… 32
茶碗蒸し ……………………… 39
親子丼 ………………………… 52
クリームシチュー …………… 90

豚肩ロース肉(ブロック)
具だくさんポトフ …………… 60

豚バラ薄切り肉
肉巻きおにぎり ……………… 10
肉じゃが ……………………… 12
キャベしゃぶ ………………… 18
ゴーヤーチャンブルー ……… 36
ふわとろ焼き ………………… 48
中華風炊き込みごはん ……… 53
具だくさん豚汁 ……………… 88

豚ひき肉
玉ねぎとひき肉の卵とじ …… 19
麻婆豆腐 ……………………… 46

豚レバー
レバにら炒め ………………… 42

豚ロース薄切り肉
しょうが焼き ………………… 40

肉加工品

ベーコン
ベーコンとしめじのキッシュ … 62
ミネストローネ ……………… 89

魚介類

牡蠣
牡蠣のつくだ煮 ……………… 56

かつお
かつおのなめろう …………… 59

小あじ
小あじの南蛮漬け …………… 57

さばの切り身
さばのみそ煮 ………………… 45

塩鮭
鮭の西京漬 …………………… 58

たらこ
しょうゆバターたらこパスタ … 66

生ひじき
五目煮 ………………………… 31

ぶり
ぶり大根 ……………………… 44

むきえび
茶碗蒸し ……………………… 39

ゆでだこ
夏野菜のたこマリネ ………… 83

魚介加工品

さつま揚げ
高野豆腐入り炒り鶏 ………… 30

野菜

大葉
肉巻きおにぎり ……………… 10
こねないハンバーグ ………… 26
かつおのなめろう …………… 59
しょうゆバターたらこパスタ … 66
カプレーゼ …………………… 86

かぶ
具だくさんポトフ …………… 60

かぼちゃ
かぼちゃスープ ……………… 91

絹さや
肉じゃが ……………………… 12
筑前煮 ………………………… 16

キャベツ
ロールキャベツ ……………… 14
キャベしゃぶ ………………… 18
ふわとろ焼き ………………… 48
具だくさんポトフ …………… 60
ミネストローネ ……………… 89

きゅうり
きゅうりのたたき漬け ……… 74
夏野菜のたこマリネ ………… 83

ぎんなん
茶碗蒸し ……………………… 39
手作りがんもどき …………… 49

ごぼう
筑前煮 ………………………… 16
手作りがんもどき …………… 49
きんぴらごぼう ……………… 78
具だくさん豚汁 ……………… 88

ゴーヤー
ゴーヤーチャンブルー ……… 36

サラダごぼう
秋の根菜サラダ ……………… 77

さといも
筑前煮 ………………………… 16
具だくさん豚汁 ……………… 88

じゃがいも
肉じゃが ……………………… 12
ビーフシチュー ……………… 22
具だくさんポトフ …………… 60
ミネストローネ ……………… 89
クリームシチュー …………… 90

春菊
すき焼き ……………………… 50

しょうが
母の唐揚げ …………………… 11
揚げ出し豆腐 ………………… 28
なすとミートソースのグラタン … 34
しょうが焼き ………………… 40
レバにら炒め ………………… 42
ぶり大根 ……………………… 44
さばのみそ煮 ………………… 45
麻婆豆腐 ……………………… 46
牡蠣のつくだ煮 ……………… 56
かつおのなめろう …………… 59
ねぎ肉みそ …………………… 64
ボロネーゼのパスタ ………… 68
ビーフレンダン ……………… 70
きゅうりのたたき漬け ……… 74
とろとろ和風新たま ………… 80

新玉ねぎ
とろとろ和風新たま ………… 80

ズッキーニ
夏野菜のたこマリネ ………… 83

セロリ
具だくさんポトフ …………… 60
ボロネーゼのパスタ ………… 68

大根
こねないハンバーグ ………… 26
揚げ出し豆腐 ………………… 28
ぶり大根 ……………………… 44
具だくさん豚汁 ……………… 88

たけのこ水煮
高野豆腐入り炒り鶏 ………… 30
中華風炊き込みごはん ……… 53

玉ねぎ
ハヤシライス ………………… 8
肉じゃが ……………………… 12
ロールキャベツ ……………… 14
玉ねぎとひき肉の卵とじ …… 19
ビーフシチュー ……………… 22
こねないハンバーグ ………… 26
なすとミートソースのグラタン … 34
しょうが焼き ………………… 40
親子丼 ………………………… 52
中華風炊き込みごはん ……… 53
小あじの南蛮漬け …………… 57
具だくさんポトフ …………… 60
ボロネーゼのパスタ ………… 68
夏野菜のたこマリネ ………… 83
ミネストローネ ……………… 89
クリームシチュー …………… 90
かぼちゃスープ ……………… 91

とうもろこし
とうもろこしの唐揚げ ……… 84
とうもろこしのムース ……… 84

トマト、ミニトマト
スパゲッティ・ポモドーロ … 67
カプレーゼ …………………… 86
トマトの白ワイン漬け ……… 86

長ねぎ
さばのみそ煮 ………………… 45
麻婆豆腐 ……………………… 46
すき焼き ……………………… 50
ねぎ肉みそ …………………… 64
きゅうりのたたき漬け ……… 74
具だくさん豚汁 ……………… 88

なす
揚げ出し豆腐 ………………… 28
なすとミートソースのグラタン … 34
なすとピーマンの煮びたし … 82

にら
レバにら炒め ………………… 42

にんじん
肉じゃが ……………………… 12
筑前煮 ………………………… 16
キャベしゃぶ ………………… 18
ビーフシチュー ……………… 22
高野豆腐入り炒り鶏 ………… 30
五目煮 ………………………… 31
なすとミートソースのグラタン … 34
手作りがんもどき …………… 49
中華風炊き込みごはん ……… 53
小あじの南蛮漬け …………… 57
具だくさんポトフ …………… 60
ボロネーゼのパスタ ………… 68
3色ナムル …………………… 76
秋の根菜サラダ ……………… 77
きんぴらごぼう ……………… 78
キャロットラペ ……………… 80
夏野菜のたこマリネ ………… 83
具だくさん豚汁 ……………… 88
ミネストローネ ……………… 89
クリームシチュー …………… 90

にんにく
ハヤシライス …………………… 8
母の唐揚げ …………………… 11
ローストビーフ ……………… 20
なすとミートソースのグラタン … 34
レバにら炒め ………………… 42
麻婆豆腐 ……………………… 46
ねぎ肉みそ …………………… 64
しょうゆバターたらこパスタ … 66
スパゲッティ・ポモドーロ … 67
ボロネーゼのパスタ ………… 68
ビーフレンダン ……………… 70
きゅうりのたたき漬け ……… 74
キャロットラペ ……………… 80

白菜
キャベしゃぶ ………………… 18
すき焼き ……………………… 50
白菜ツナサラダ ……………… 74

バジル
スパゲッティ・ポモドーロ … 67

万能ねぎ
揚げ出し豆腐 ………………… 28
半熟巾着卵 …………………… 38
かつおのなめろう …………… 59

ピーマン
小あじの南蛮漬け …………… 57
なすとピーマンの煮びたし … 82

ブロッコリー
具だくさんポトフ …………… 60
クリームシチュー …………… 90

ほうれん草
3色ナムル …………………… 76

水菜
キャベしゃぶ ………………… 18

三つ葉
茶碗蒸し ……………………… 39
親子丼 ………………………… 52

もやし
キャベしゃぶ ………………… 18
レバにら炒め ………………… 42
3色ナムル …………………… 76

山いも
ふわとろ焼き ………………… 48
手作りがんもどき …………… 49

れんこん
筑前煮 ………………………… 16
五目煮 ………………………… 31
秋の根菜サラダ ……………… 77
れんこんのきんぴら ………… 78

きのこ
えのき
キャベしゃぶ ………………… 18

しいたけ
茶碗蒸し ……………………… 39
すき焼き ……………………… 50
しいたけそぼろ丼 …………… 65

しめじ
キャベしゃぶ ………………… 18
ベーコンとしめじのキッシュ … 62
ミネストローネ ……………… 89

マッシュルーム
ハヤシライス …………………… 8

卵
卵
ロールキャベツ ……………… 14
玉ねぎとひき肉の卵とじ …… 19
母の手作りマヨネーズ ……… 24
こねないハンバーグ ………… 26
ゴーヤーチャンプルー ……… 36
半熟巾着卵 …………………… 38
茶碗蒸し ……………………… 39
ふわとろ焼き ………………… 48
すき焼き ……………………… 50
親子丼 ………………………… 52
ベーコンとしめじのキッシュ … 62

卵白
手作りがんもどき …………… 49

乳製品
牛乳
とうもろこしのムース ……… 84
クリームシチュー …………… 90

ピザ用チーズ
なすとミートソースのグラタン … 34
ベーコンとしめじのキッシュ … 62

モッツァレラチーズ
カプレーゼ …………………… 86

豆類・大豆加工品
油揚げ
半熟巾着卵 …………………… 38
具だくさん豚汁 ……………… 88

絹豆腐
ゴーヤーチャンプルー ……… 36
麻婆豆腐 ……………………… 46
すき焼き ……………………… 50
具だくさん豚汁 ……………… 88

大豆水煮
五目煮 ………………………… 31

豆乳
かぼちゃスープ ……………… 91

木綿豆腐
揚げ出し豆腐 ………………… 28
手作りがんもどき …………… 49

缶詰
トマト缶
ハヤシライス …………………… 8
ロールキャベツ ……………… 14
なすとミートソースのグラタン … 34
ボロネーゼのパスタ ………… 68
ミネストローネ ……………… 89

ツナ缶
白菜ツナサラダ ……………… 74
秋の根菜サラダ ……………… 77

乾物
赤唐辛子
ボロネーゼのパスタ ………… 68
ビーフレンダン ……………… 70
きゅうりのたたき漬け ……… 74
れんこんのきんぴら ………… 78

カシューナッツ
ビーフレンダン ……………… 70

きざみ海苔
しょうゆバターたらこパスタ … 66

塩昆布
とろとろ和風新たま ………… 80

高野豆腐
高野豆腐入り炒り鶏 ………… 30

干し桜えび
きゅうりのたたき漬け ……… 74

干ししいたけ
筑前煮 ………………………… 16
高野豆腐入り炒り鶏 ………… 30
中華風炊き込みごはん ……… 53

その他の加工品
赤ワイン
ハヤシライス …………………… 8
ビーフシチュー ……………… 22
ボロネーゼのパスタ ………… 68

糸こんにゃく
肉じゃが ……………………… 12

カレー粉
ビーフレンダン ……………… 70

ココナッツミルク
ビーフレンダン ……………… 70

こんにゃく
筑前煮 ………………………… 16
高野豆腐入り炒り鶏 ………… 30
五目煮 ………………………… 31
具だくさん豚汁 ……………… 88

しらたき
すき焼き ……………………… 50

白ワイン
トマトの白ワイン漬け ……… 86

米・パスタ
ごはん
ハヤシライス …………………… 8
肉巻きおにぎり ……………… 10
親子丼 ………………………… 52
しいたけそぼろ丼 …………… 65
ビーフレンダン ……………… 70

米
中華風炊き込みごはん ……… 53

スパゲッティ
半熟巾着卵 …………………… 38
しょうゆバターたらこパスタ … 66
スパゲッティ・ポモドーロ … 67

タリアテッレ
ボロネーゼのパスタ ………… 68

割烹着ママ

家庭料理研究家。料理系インフルエンサー。
365日ごはんを作る母に育てられ、幼い頃から料理への興味を持ち、3歳から母の料理の手伝いを始める。小学1年生（7歳）から母の教育方針でお弁当を作り出す。それとともに添加物に対する教えを説かれ、家で作るごはんはできるだけシンプルな調味料を使うことが多く、レシピに反映されている。時短料理に偏らず、「少し手間がかかってもおいしくできる料理」をモットーに発信しているレシピが人気を集めている。2022年2月より、インスタグラムでレシピを発信。10か月後の12月にはフォロワー10万人突破。2024年12月現在、インスタグラムのフォロワー数30万人超。他媒体も含めたSNSの総フォロワー数36万人。

Instagram @kappougi_mama.159

デザイン	小橋太郎（Yep）
撮影	よねくらりょう
スタイリング	片山愛沙子
調理補助	金納真奈美
校正	東京出版サービスセンター
編集	青柳有紀　川上隆子（ワニブックス）

3世代受け継がれてきた
本当においしいレシピだけ
今日、作りたくなる
とっておきごはん

割烹着ママ　著

2024年11月26日　初版発行
2025年 1 月10日　 2版発行
発行者　髙橋明男
発行所　株式会社ワニブックス
　　　　〒150-8482
　　　　東京都渋谷区恵比寿4-4-9　えびす大黒ビル
　　　　ワニブックスHP　http://www.wani.co.jp/
　　　　お問い合わせはメールで受け付けております。
　　　　HPより「お問い合わせ」へお進みください。
　　　　※内容によりましてはお答えできない場合がございます。
印刷所　TOPPANクロレ株式会社
製本所　ナショナル製本

定価はカバーに表示してあります。
落丁・乱丁の場合は小社管理部宛にお送りください。送料は小社負担でお取り替えいたします。ただし、古書店等で購入したものに関してはお取り替えできません。
本書の一部、または全部を無断で複写・複製・転載・公衆送信することは法律で定められた範囲を除いて禁じられています。

Ⓒ割烹着ママ2024
ISBN978-4-8470-7503-2